名师成长书系

U0722281

薪火之路

小学数学教学实践与省思

吴永明 巩子坤 ◎ 主编

XIN HUO ZHI LU
XIAOXUE SHUXUE JIAOXUE
SHIJIAN YU XINGSI

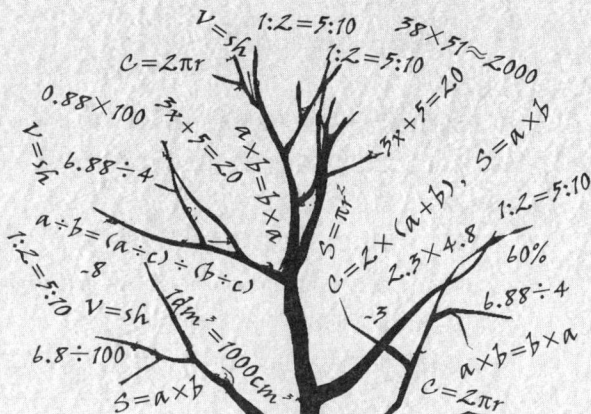

$1:2=5:10$
$38\times51\approx2000$
$C=2\pi r$
$1:2=5:10$
0.88×100
$3x+5=20$
$a\times b=b\times a$
$V=sh$
$6.88\div4$
$3x+5=20$
$S=a\times b$
$a\div b=(a\div c)\div(b\div c)$
$S=\pi r^2$
$C=2\times(a+b)$, $S=a\times b$
$1:2=5:10$
-8
60%
2.3×4.8
$1:2=5:10$
$V=sh$
-3
$6.88\div4$
$6.8\div100$
$1dm^3=1000cm^3$
$C=a\times b=b\times a$
$S=a\times b$
$C=2\pi r$

哈尔滨出版社
HARBIN PUBLISHING HOUSE

图书在版编目（CIP）数据

薪火之路：小学数学教学实践与省思 / 吴永明，巩子坤主编 . — 哈尔滨：哈尔滨出版社，2022.5

ISBN 978-7-5484-6510-2

Ⅰ．①薪… Ⅱ．①吴… ②巩… Ⅲ．①小学数学课—教学研究 Ⅳ．① G623.502

中国版本图书馆 CIP 数据核字（2022）第 075832 号

书　　名：**薪火之路：小学数学教学实践与省思**
XIN HUO ZHI LU: XIAOXUE SHUXUE JIAOXUE SHIJIAN YU XINGSI

作　　者：吴永明　巩子坤　主编
责任编辑：曹雪娇
封面设计：智诚源创

出版发行：哈尔滨出版社（Harbin Publishing House）
社　　址：哈尔滨市香坊区泰山路82-9号　　　邮编：150090
经　　销：全国新华书店
印　　刷：武汉颜沫印刷有限公司
网　　址：www.hrbcbs.com　　　www.mifengniao.com
E-mail：hrbcbs@yeah.net
编辑版权热线：（0451）87900271　87900272

开　　本：710mm×1000mm　　1/16　　印张：12.25　　字数：200千字
版　　次：2022年5月第1版
印　　次：2022年8月第2次印刷
书　　号：ISBN 978-7-5484-6510-2
定　　价：46.00元

目 录

CONTENTS

理论研究篇

重视直接体验，积累间接经验

——以"观察物体"为例，浅析小学生空间观念的发展 .... 黄文华 / 002

巧用思维导图　提高小学数学单元复习效率 .... 李杰凤 / 010

数形结合在小学数学高年级中的应用

——以北师大版五年级下册"分数乘法"为例 .... 许小倩 / 013

删繁就简，呈现数学本质 .... 何美萍 / 017

"问题导学"模式下的小学数学课堂教学研究 .... 刘　慧 / 021

以探究作业为驱动　促进学生深度学习

——以"三角形内角和"作业设计为例 .... 蔡丹丽 / 024

借多元表征，悟数学概念 .... 陈绮琳 / 035

小学数学低段单元统整教学中的实践研究

——以"认识图形"为例 .... 杜　巧 / 040

大数据透视下的精准教研实践研究

——以滨海小学课堂观察为例 .... 罗莉华 / 047

把握统计思想的渗透　发展数据分析观念 .... 黄　力 / 053

小学数学复习课如何培养学生的深度学习思维 .... 殷　华 / 058

基于深度教学的文本研读及教学设计

——以北师大版"什么是面积"为例 .... 黄桂芳 / 062

"双减"背景下小学数学自主特色作业实践与探索 .... 魏先玲 / 071

从提升学习能力角度浅谈小学数学单元整体教学 .... 江建珍 / 079

小学中高年级学生几何直观素养培养的策略研究 .... 王文娜 / 083

教材研究篇

"乘法分配律"中日教材比较研究

    ——以冀教版和东京版为例 .... 柯　媛 / 090

"乘法分配律"中美教材自学效果比较研究 .... 白　灵 / 098

"乘法分配律"人教版教材纵向比较研究 .... 卢长征 / 104

"乘法分配律"教材习题难度比较研究 .... 赵少棠 / 109

"小数除法"的国内教材对比和教学思考 .... 霍存霞 / 116

北师大整套教材"乘法分配律"知识的梳理与启示 .... 吴锐洁 / 122

青岛版教材"乘法分配律"情境研究 .... 吴海燕 / 131

学生研究篇

"分数除法"学习起点的分析 .... 吕佳萍 / 138

精准前测　找准学生学习起点

    ——以"确定位置"为例 .... 朱伟林 / 148

"面积"单元教学前测与后测的设计与调查分析 .... 卓　汶 / 156

教学设计篇

走出教室，走向课外，让体验更有效

    ——"1千米有多长"教学心得 .... 罗礼红 / 166

用联系的视角，突出竖式计算的算理理解

    ——"除数是整数的小数除法"的学习路径实践 .... 陈瑞华 / 170

经历"数学化"感悟数学基本思想 .... 李利洪 / 176

直观表征　追本溯源

    ——以"乘法分配律"为例 .... 余燕珊 / 182

理论研究篇

重视直接体验，积累间接经验

——以"观察物体"为例，浅析小学生空间观念的发展

黄文华

摘要： 培养发展学生空间观念，理所当然地成为数学"图形与几何"研究领域的核心问题。小学阶段是人一生中空间观念发展的重要时期，怎样培养和发展学生的空间观念，是每一位小学数学老师都应当重视和思考的问题。

关键词： 空间观念；直接体验；间接观察；经验累积；合作学习；反思归纳

作者简介： 黄文华 / 广东省深圳市宝安区钟屋小学教师

在数学教育的发展中，"空间观念"这个核心词语从确定至今，一直没有改变。《义务教育数学课程标准》（2011版）中指出：空间观念主要指根据物体特征抽象出几何图形，根据几何图形想象出所描述的实际物体；想象出物体的方位和相互之间的位置关系；描述图形的运动和变化；依据语言的描述画出图形等。

尽管现代数学不断拓宽研究领域、丰富研究内容，但数量关系与空间形式仍然是数学研究中的基本内容，所以培养发展学生空间观念，理所当然地成为数学"图形与几何"研究领域的核心问题。小学阶段是人一生中空间观念发展的重要时期，怎样培养和发展学生的空间观念，是每一位小学数学教师都应当重视和思考的问题。下面，笔者以北师版小学数学"观察物体"为例，从小学生空间观念发展的不同形态、存在困难及培养策略这三方面来谈谈一些看法。

一、小学生空间观念发展呈现的不同形态

课程改革后小学数学专门设置了"观察物体"的内容，鼓励学生通过观察、操作、想象、推理等活动，掌握基本几何体与其三视图及展开图的相互转化规律。小学阶段对观察物体的定位是学生通过观察物体，进一步认识物体的形状、特征以及物体间的相对位置关系，积累观察物体的经验。随着年

龄的增长，学生观察的范围不断扩大，低年级观察的范围只限于学生能控制的、"触手可及"的日常生活空间，而中、高年级观察的范围适当扩展到更广阔的生活视域。因此，小学生空间观念发展在不同阶段呈现不同形态，教材根据小学生这一特点，在"观察物体"中编排了不同形态的教学内容。

（一）以实物观察为起点、间接观察为主，从不同方向观察辨认简单物体的形状

1. 实物观察

根据小学生的年龄特点和思维方式，观察物体的第一阶段是实物观察，主要是观察具体实物。如图1"观察小兔子"，判断小霞看到的是哪幅图。学生通过观察来辨别小霞看到的小兔子是哪个方向。这种实物观察的活动，让学生经历"观察实物—直观感知—形成表象—想象判断"的过程，获得"从不同的方向观察物体可能看到不同形状"的直接经验。

2. 间接观察

间接观察指以间接手段获取研究对象信息的一种科学观察方法，是更高层次的观察活动。如图2"观察房子"，图中的小鸟、蚂蚁和蜗牛从不同的三个方向观察一座小房子。学生通过观察来辨别它们分别看到的房子是什么形状。这种间接观察物体的活动，学生经历了"观察图片—空间想象判断—形成表象–验证结果"的过程。

图1（一下）

图2（一下）

小学阶段的间接观察以看图观察为主。实物观察是看图观察的基础，看图观察是实物观察的发展，因此应让学生经历从实物观察到看图观察的过程，帮助学生积累观察物体的经验，初步发展他们的空间观念。

（二）观察立体图形画出平面图，根据平面图的形状特征还原立体图形

1. 用正方体搭立体图形，画出观察到的平面图形

四年级下册"观察物体"的"看一看"中，让学生观察几个正方体搭成的立体图形，正方体的个数在4块（含4块）以内。根据学生思维特点，逐

步提高难度，先让学生将间接观察到的形状与已有图形连线，再让学生从不同角度观察立体图形进行画图。（如图3和图4）

淘气、笑笑、小鸟看到的各是什么形状？连一连。

图3 （四下）

搭一个 ![]，看一看，把你从正面、上面和左面看到的形状分别在方格纸上画出来。

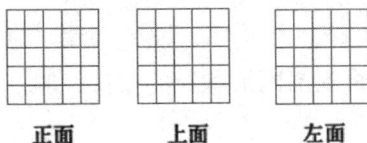

正面　　　上面　　　左面

图4 （四下）

六年级上册"观察物体"中"搭积木比赛"正方体的数量增加到5块，并且要求讨论搭成符合条件的立体图形最少或最多需要正方体的数量。（如图5）

比赛一：画一画。淘气用5个小正方体搭了一个立体图形，请两队同画出从上面、正面、左面看到的形状，比一比哪个队画得正确。

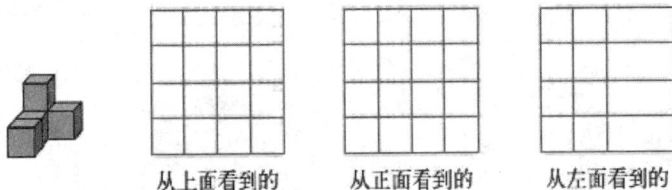

从上面看到的　　　从正面看到的　　　从左面看到的

比赛二：搭一搭。一个立体图形，从正面看到的形状是 ![]，从左面看到的形状是 ![]。搭这样的立体图形，最少需要几个小正方体？最多可以有几个小正方体？请两个队分别搭一搭，说一说。

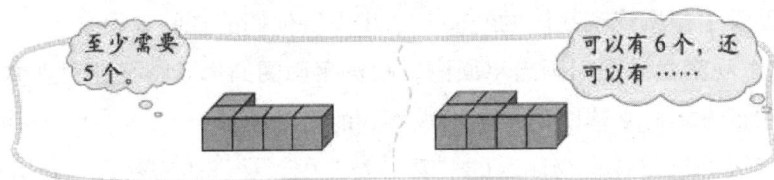

至少需要5个。

可以有6个，还可以有……

图5 （六上）

2. 根据立体图形从正面、上面和侧面看到的形状特征，还原立体图形

比如四年级下册第四单元"观察物体"中的"我说你搭"：首先搭出正面形状符合条件的所有形状不同的立体图形，然后排除不符合上面和侧面的形状特征的立体图形，初步体会一般需要根据立体图形从正面、上面和侧面看到的形状特征，才能知道立体图形的形状（如图 5）。接着"搭一搭"中根据立体图形三个方向看到的形状还原立体图形，这个难度更大：首先，学生自主安排还原立体图形的步骤，然后再排除其中不符合其他两个条件的立体图形，最后得到符合要求的立体图形。在这个过程中，部分学生由于空间想象能力较差，需要多次尝试才能搭出正确的立体图形。因此，学生在由平面图形转换为空间图形的活动中，需要更多的动手操作，发挥想象力，才能培养和发展空间观念。（如图 6）

请你按照淘气的指令搭一搭。

图 6 （四上）

淘气用4个正方体搭了一个立体图形，从正面、右面和上面看到的形状如下，你能搭出这个立体图形吗？

正面　　　　右面　　　　上面

图 7 （四上）

（三）观察的范围随着观察点的变化而变化，了解物体之间的相互关系

1. 在小场景下观察的范围随着观察点的变化而变化，了解物体之间的相互关系

如图 8，这道题考查了学生对立体图形从不同位置观察其形状和根据从不同位置观察到的形状还原立体图形的能力。让学生感知如果不限定小正方体的数量，会有无数种搭法出现；哪怕限定了数量，如果只给一个方向看到的形状，也是没有办法还原立方体图形的。由此引发学生思考：怎样才能还原唯一的立方体图形？

2. 在大场景下观察的范围随着观察点、观察角度的变化而变化，了解物体之间的相互关系

如图 9，"观察的范围"这节课就是让学生从熟悉的、有趣的生活背景中感受观察范围的变化，进一步发展学生的空间观念，让学生在观察、操作、模拟等探索活动中体会将眼睛、视线与观察范围抽象为点、线、区域，同时让学生

利用所学知识解释生活中的一些现象，发展学生的抽象能力和解决问题的能力。

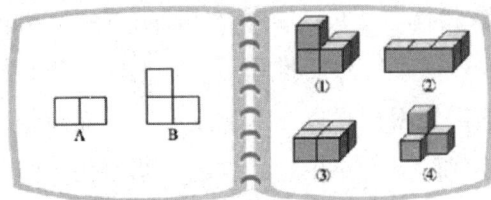

（1）从左面看是图A的有_____。

（2）从正面看是图B的有_____。

（3）还有什么样的立体图形从左面看是图A？还有什么样的立体图形从正面看是图B？想一想，搭一搭。

图8 （四下）　　　　　　　　　　　图9 （六上）

对观察范围的感知是生活中常见的行为，但在日常生活中学生的这种观察行为都是不自觉的行为。学生作为第三者分析其他观察者的观察范围，有一定的难度。因为学生要将眼睛抽象成数学中的"点"，将视线抽象为数学中的"线"。这个过程需要借助想象和抽象能力，用所学的知识解释看到的现象，体会观察位置变化，观察范围也在变化。

二、小学生空间观念发展存在的困难

由于观察物体的位置关系、空间转换、个人生活经历和思维方式等，小学生空间观念发展存在以下几个方面的难点：

（一）从相对的位置观察、辨认不同位置的简单物体

从窗外远距离观察人物，判断两个物体的相对位置关系，体会从不同角度观察物体所看到的形状和相互位置关系不同，这对大部分学生来说有很大的难度。而且这里有两个相对位置关系：观察者和淘气，笑笑和桌子。（如图10）

图10 （三上）

课前调查，这道题有 23% 的学生选择①，25% 的学生选择③，37% 的学生选择④，只有 15% 的学生选择了正确答案②。因为大部分学生没有意识到自己与"窗外"的淘气是面对面地观察屋内的情形，所以自己与淘气看到笑笑的哪一面以及笑笑与桌子的相对位置恰好相反。

（二）立体图形到平面图形的转换

由立体图形到平面图形的转换是发展学生空间观念的重点，也是一个难点。如图 11，第一幅图为一个正方体，从正面观察很容易知道形状是一个正方形；第二幅图中正方体的数量虽然增加到 2 个，但这两个正方体是上下正对的关系，学生从正面观察很容易看出是两个上下关系的正方形拼的一个长方形；而第三幅正方体的数量不仅继续增加到 3 个，且上面的正方体放到了后面，这时部分学生就产生观察的困难：为什么正面观察前后位置不同的两个正方形也可以拼成一个长方形？教师可以通过引导学生进行实际操作，前后移动学具，让学生观察想象，同时借助多媒体课件演示，帮助学生发现"形"和"体"之间的联系。

图 11 （四下）

（三）确定搭成立体图形所需要的正方体的数量范围

根据给定的两个方向看到的平面图形，确定搭成这个立体图形所需要的正方体的数量范围（如图 12）对学生来也是一个难点。这是在四年级所学基础上的进一步发展，要求学生根据平面图形还原立体图形。正方体数目的增加，带来形式上更加多样的变化，这不仅需要学生有更高的空间想象能力，还需要一定的推理能力。

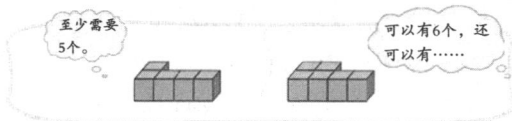

图 12 六（上）

（四）根据图片，确定拍摄点位置或推理顺序

根据照片或图形全景画面中各个建筑物的特点、位置，充分想象或推理，来判断各不同拍摄点的位置或拍摄照片的先后顺序也是学生学习的一个难点（如图13）。因为照片或画面是用二维图形来反映现实的三维世界，是对现实空间的间接观察，它与直接观察现实空间既有联系又有区别。学生比较容易通过观察现实空间获得直接空间经验，建立起初步的空间观念，但解决这个问题不仅要以学生生活经验为认识基础，还必须依靠学生的空间想象、合情推理等思维，透过二维画面解决三维空间的问题，因此难度大，对学生的要求高。

淘气乘船游览，游船从A点处出发。

⬤ 说一说，填一填。

淘气看到下面这四幅图片的先后顺序是_____, _____, _____, _____。

a   b   c   d

⬤ 摆一摆，验证一下。

图 13 （六下）

三、小学生空间观念发展的有效策略

小学生学习"几何图形、空间想象这类程序性比较弱的内容"比学习"计算这类程序性比较强的内容"更难，而且相比于"程序性比较强的内容"，不同学生的空间观念差异也更大。我们一定要清楚地意识到空间观念的培养与发展需要时间。在小学数学"观察物体"的课堂教学中，实施情境设置、实践操作、习惯培养等有效策略，可以不断促使学生获得观察物体的直接体验，积累空间体验，形成空间想象力，逐步发展空间观念。

（一）情境设置：真实有趣，简单易行

在观察物体的教学中，观察物体的活动情境必须紧密联系生活。通过精

心安排具象化、趣味性、易操作的场景，不仅能够激发学生的观察兴趣，而且可以让所有学生都有机会在真实具体、生动有趣的观察活动中，体会从不同位置观察物体看到的形状是不同的，帮助学生积累更多直接、多样的观察经验，逐步发展空间观念。在教学一年级的"观察物体"时，尽量用一些实物，如小鸭子、小熊，让学生在课堂上观察，观察时让学生互相交换位置，在不同方位观察实物。

（二）实践操作：直接体验，积累经验

观察物体需要学生展开观察、想象、推理等思维活动才能完成，对学生有一定的挑战性。特别是学习有困难的学生，他们缺乏有关观察现实空间的直接经验，生活经验也不足。因此必须进行一定的实践操作。在教学四年级下册"观察物体"这个单元的"搭一搭"这一课时，给每个学生准备 5 个小方块，让学生先自己动手操作，再与同桌交流想法，并开展"画一画、猜一猜，想一想，说一说"等活动，让学生在活动中进行实际观察和体验，丰富、发展他们观察物体的活动经验，最后从画面间接观察物体，循序渐进地发展学生的空间观念。所以实践操作是学生探索图形知识、积累活动经验的重要方法，也是发展学生空间观念的重要手段。

（三）习惯培养：合作学习，反思归纳

课改以来，教师的教学方式、学生的学习方式有了很大的变化，学生是课堂的主人，教师是他们学习的"助手"。在课堂教学中，教师要注重引导学生在活动中自主探索、合作交流，及时对学习活动进行反思归纳，这既有助于技能的形成，又有利于培养学生良好的学习习惯及用数学的眼光观察生活的意识。在课堂教学中，可以充分利用小组合作的学习方式，精心设计好问题，引导学生在独立思考、合作交流的学习过程中，充分想象、推理，使直接经验与间接经验相辅相成，促进学生空间观念的形成。

参考文献

[1] 中华人民共和国教育部 . 义务教育数学课程标准（2011 年版）[S]. 北京：北京师范大学出版社，2012.

[2] 曹培英 . 跨越断层，走出误区："数学课程标准"核心词的解读与实践研究 [M]. 上海：上海教育出版社，2017：31-39.

巧用思维导图 提高小学数学单元复习效率

李杰凤

摘要：在提倡"双减"的背景下，小学数学的复习教学模式也需要进行相应的调整。小学数学教材内容的编排呈螺旋式，利用思维导图进行单元复习，有利于提高学生的归纳、概括、梳理等自主复习能力，加深学生对知识的印象，形成系统的知识框架与体系，从而提升复习效率。本文主要阐述小学数学单元复习存在的主要问题，对思维导图在小学数学单元复习课中的应用进行分析和研究。

关键词：思维导图；思维可视化；复习课

作者简介：李杰凤 / 广东省深圳市宝安区西湾小学教师

一、小学数学单元复习课中表现出来的主要问题

想利用思维导图来提高小数数学单元复习效率，我们就需要对当前小学数学复习课存在的问题有正确的认识。在小学数学教学中，复习课属于一种重要课型，复习课主要帮助学生对所学知识进行整理和归纳，帮助学生进行查漏补缺。但是在实际的复习课堂中，一些教师只是将知识点进行简单罗列，然后重复刷题，将复习课变成了练习课。思维导图具有条理清晰、直观的特点，将思维导图运用到小学数学的单元复习课中，有利于学生将碎片化的数学知识更好地总结和归纳，有利于学生更加清晰地掌握知识，构建知识体系。所以，引入思维导图，能够提高单元复习的效率。

二、将思维可视化的思维导图

思维导图又称心智导图，是一种简单易操作、实用有效的可视化思维工具。它利用图文并茂的形式，将所学知识串联和梳理起来，将各个知识点之间的隶属关系用图文层级的形式体现出来，让知识与知识之间建立连接，让知识与知识之间的关系更为清晰，形成一个完整的知识体系，是培养发散性

思维以及梳理概括能力的思维工具。小学学段的学生处于思维发展的关键时期，思维从形象思维慢慢向抽象思维转换，在这个阶段学生的自主复习能力与意识是不足的，而将思维导图应用于小学数学的复习课中，能够很好地帮助学生梳理知识，让知识结构更加系统，也更具逻辑性，从而使学生的思维得到训练，归纳概括的能力得到提高。

三、将思维导图应用于复习课的实际意义

（一）提升复习课堂的趣味，激发学生的学习兴趣

兴趣是最好的老师，兴趣也是任何学习的强力催化剂。图文并茂的思维导图能有效激发学生的学习兴趣，提高学生的课堂参与度。在单元复习中，通过让学生自己动手设计和制作思维导图，能够有效提高学生的学习积极性，提升学生学习数学的兴趣。

（二）推动数学学科的学习，促进概念的深入理解

思维和逻辑是非直观、抽象的东西，数学正是这样一门充满抽象概念的学科。在小学阶段，学生的思维具有以形象思维为主、抽象思维处于发展阶段的特征，所以面对数学这种高度抽象概括的学科，在理解和掌握上有一定的难度。而思维导图的运用，可以帮助学生把这些抽象化的概念通过图文的形式进行一定程度的形象化、可视化，让学生在对具体对象的观察和操作的基础上进行抽象概括。之后，根据学生的成果进行提问和讲解，再进行系统梳理，使学生对知识的印象加深，促进概念的理解，提高学科的教育教学效果。

（三）创造自主学习的平台，培养自主的学习能力

以思维导图为切入点的小学数学复习课，给学生提供了一个自主学习的机会和平台，让学生自主参与知识的生成过程，可以有效地促进和提高学生的自主学习能力，促使其养成独立思考和主动思考的学习习惯，让新课程标准的教学理念能够贯彻落实于具体课堂中。

四、思维导图在复习课中的应用

（一）课前个人绘制

学生对所学知识的掌握存在一定差异，教师可引导学生在课前进行思维导图的绘制。学生在绘制思维导图的过程中，能够对本单元的知识重点进行

回顾，对单元知识进行科学梳理。同时，课前绘制好的思维导图，有助于教师更好地了解学生的知识掌握情况，并进行有针对性的教学。

（二）课中小组完善

教师在课堂上可以先带领学生将单元的主要知识进行提炼，然后鼓励学生以小组的形式进行自己思维导图的汇报交流，在同伴的相互帮助过程中，学生能够发现自身的问题，并对思维导图的内容进行不断的补充和完善。在组内交流结束后，还可以进行组间交流，实现不同小组之间学生的互补，集思广益。在整个教学过程中，教师的作用就是进行适当的启发和补充，进而帮助学生对教学重难点问题进行逐层突破，提升学生的复习效率。

参考文献

[1] 千国华 . 思维导图在小学数学复习课中的应用探析 ——以"多边形面积的整理和复习"为例 [J]. 新课程研究（下旬刊），2017（05）：83-86.

数形结合在小学数学高年级中的应用

——以北师大版五年级下册"分数乘法"为例

许小倩

摘要： 数形结合是小学数学中非常重要的一种思想方法，通过数形之间的转化可以将抽象的数学问题直观化、复杂的问题简洁化。小学高年级学生的思维正处于向形式运算过渡的阶段，分析问题时仍离不开直观模型与实物图的支撑。而分数乘法内容较为抽象，学生通过数形结合可以有效理解数量关系，突破学习难点。文章结合分数乘法的例子，探讨了数形结合在小学数学教学中的应用。

关键词： 小学数学；数形结合；分数乘法

作者： 许小倩／广东省深圳市宝安区固戍小学教师

一、引言

《义务教育数学课程标准》（2011 年版）指出：数学是研究数量关系与空间形式的科学。从定义中不难得知数学研究是紧紧围绕"数量"与"图形"展开的，因此在小学阶段掌握数与形的内在联系，利用数形结合优化解题策略，是学好数学课程的关键所在。王永春在《小学数学与数学思想方法》中提到，数形结合就是根据数和形之间的对应关系和相互转化来解决问题的思想方法，并且在小学数学的四大领域知识学习中有十分广泛的运用。教师在教学时渗透数形结合的思想方法，将抽象的问题直观化、复杂的问题简单化，能有效帮助学生理解题意，层层推敲，提高学生解决问题的能力。

小学高年级的学生正处于由具体运算向形式运算过渡的阶段，虽已掌握了一些基本的逻辑思维能力，例如提取数学信息、分析简单的数学问题、对例子举一反三等等，但如果失去实物或直观模型的支持，学生很难进行纯符号的运算，从而对理解算理、掌握算法存在困难。

因此，本文以北师大版五年级下册的"分数乘法"学习为例，结合学生在学习分数乘法时存在的问题，谈谈数形结合的实践与应用。

二、学生存在的问题

（一）分数乘法算理不清晰

学生在计算分数乘法的题目时，会出现分子与分子相加，分母不变或者分母相乘的情况，这往往是受到前一单元分数加法的影响，反映了学生对分数乘法算理理解不清晰，从而将这两者的算法相混淆。

（二）量率对应关系不明确

有关分数的"解决问题"始终是困扰学生的一大难题，尤其表现为学生对题目中的数量关系分析无从下手，导致一错再错。以下面两道题为例：

1. 一条道路已经修了 $\frac{3}{4}$，还剩下 1200 米，全长是多少米？

2. 一条道路已经修了 $\frac{3}{4}$，正好是 1200 米，全长是多少米？

这两道题的关键在于明确全长的 $\frac{3}{4}$ 与 1200 米之间的关系，迷惑学生的正是"还剩下"与"正好是"这几个字，有学生会误认为第 1 题中的数量关系为：全长的 $\frac{3}{4}$ =1200 米。教师若是单纯地从文字出发讲算理，是难理解的、抽象的，利用线段图则可以将文字的差别直观地呈现出来，帮助学生理清题中的数量关系，进而根据量率关系解题。

三、数形结合思想的应用

（一）借助数形结合，理解算理

"分数"对学生而言是较为抽象的概念。在教学计算时，教师应当淡化分数的表现形式，关注分数的实质，注重实践操作和各种直观模型的演示，让学生在动手操作的过程中探索并掌握计算算理。因此，针对算理不清晰的问题，教师可以借助方格纸画一画、折一折，能帮助学生有效攻破易错点，理解算理本质。例如在解决 $\frac{1}{4} \times \frac{3}{4}$ 时，教师可引导学生在方格纸上表示出计算过程（图1）：

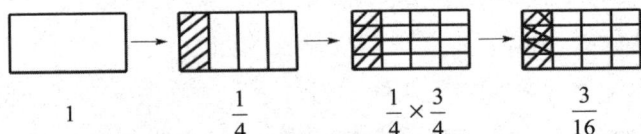

$$1 \qquad \frac{1}{4} \qquad \frac{1}{4} \times \frac{3}{4} \qquad \frac{3}{16}$$

图1 画图表示 $\frac{1}{4} \times \frac{3}{4}$

$\frac{1}{4} \times \frac{3}{4}$ 可以理解为先用一张方格纸表示 "1"，将方格纸平均分为 4 份，取其中一份表示 $\frac{1}{4}$，再将 $\frac{1}{4}$ 平均分 4 份，取其中的 3 份。在图中表示为：首先将整张方格纸视为 "1"，将 "1" 竖向平均分成 4 份，表示出 $\frac{1}{4}$，接着再横向平均分成 4 份，取 $\frac{1}{4}$ 中的 3 份，即阴影部分。阴影部分占 3 格，而最终方格纸被平均分成了 16 份，所以阴影部分就是 $\frac{3}{16}$，乘积的结果也就是 $\frac{3}{16}$。

学生通过动手操作，亲身经历数形结合的过程，在掌握分数意义的基础上，理解分数乘法的本质道理，区分分数加法、乘法之间算理的不同，更精准地掌握算理本质。

（二）借助数形结合，厘清量率对应关系

通过题意画简单的线段示意图，将抽象的数量关系变成直观的图形，有助于学生快速厘清数量关系，分析题意，找到正确的解题方法。

表 1　两道题及对应的示意图

题目	示意图
1. 一条道路已经修了 $\frac{3}{4}$，还剩下 1200 米，全长是多少米？	全长的 $\frac{3}{4}$　　1200 米
2. 一条道路已经修了 $\frac{3}{4}$，正好是 1200 米，全长是多少米？	全长的 $\frac{3}{4}$ =1200 米

从表 1 的示意图中可以发现，1200 米对应的份数是不一样的。关键是在学生画图时，要引导学生做两件事：①将题目中的已知量标在线段图中；②找出全长与 1200 米之间的数量关系。通过画图，学生容易发现：第 1 题中全长共被分成 4 份，1200 米即代表 1 份的长度，因此通过量率对应关系可以得出：全长的 $\frac{1}{4}$ =1200 米，道路全长即 $1200 \div \frac{1}{4}$ =4800 米；第 2 题通过示意图可以找到量率关系为：全长的 $\frac{3}{4}$ =1200 米，道路全长即 $1200 \div \frac{3}{4}$ =1600 米。

以 "形" 助数，图形直观往往会成为学生有效的表达工具。学生边画图，边标注，将复杂的问题变成直观的线段图。画图的过程就是学生分析问题、寻找量率对应关系的过程，数形结合将抽象的数量关系变得清楚简洁，降低了学习难度，从而提高学习效率。

四、总结

应用数形结合很有必要，这是尊重教学内容和学生思维方式的体现。在小学数学高年级分数乘法的学习过程中，教师应该在教学中用好借图说理，综合使用文字、数字、符号、图形等丰富学生的数学认知，将抽象的情境材料转变成直观的图形，以"形"助数，促使学生通过自主探索与交流理解分数乘法的算理，提升学生分析问题、解决问题的能力，发现并再创造知识。

参考文献

[1] 中华人民共和国教育部. 义务教育数学课程标准（2011年版）[S]. 北京：北京师范大学出版社，2012：2.

[2] 王永春. 小学数学与数学思想方法 [M]. 上海：华东师范大学出版社，2014：65.

[3] 胡俊. 浅谈如何在分数学习中培养小学生"数形结合"思维方式 [J]. 教师，2020（28）：49-50.

[4] 林贞梅. 以形解数，借图说理 [J]. 小学教学参考，2021（23）：94-95.

删繁就简，呈现数学本质

何美萍

摘要："生命自觉"数学课堂上的学生，应该是自觉参与、自觉反思、自觉延伸的，学生充满灵性，向往课堂，渴望成长。但反思我们的教学活动，纷繁生硬的环节、重复的练习、不止的讲解，使得原本简单的数学课有了千头万绪，枝繁叶茂但不见树木，学生在环节中显得被动，缺乏灵动。所以数学教学应该摒弃与数学主题不相关的因素，删繁就简，最大限度地追求优化的课堂教学，呈现数学的本质，让课堂充满生长的气息。

关键词：生命自觉；删繁就简；数学本质

作者简介：何美萍 / 广东省深圳市宝安区实验学校教师

"生命自觉"，是由叶澜教授最早提出的。她说："时代呼唤生命自觉，生命自觉是'新基础教育'追求的核心价值观。"李政涛教授提出，它应该是整个教育改革的价值取向，它决定了体制和制度、课程和教学以及策略和方法的方向与具体措施，是这一切的基础，以及衡量改革是否正确的标尺。这里"生命"的特征是充满活力的不断生长变化的有机体，"自觉"强调了人的生命发展主要是内在动力主导和自主推进的结果，而非来自外力的促进，即非"被发展"，是"主动自觉发展"。那么"生命自觉"课堂上的学生，应该是自觉参与、自觉反思、自觉延伸的，学生充满灵性，他们向往课堂，渴望成长。但是反思观课活动和自己的教学经历，笔者感慨：数学课堂上纷繁生硬的环节、重复的练习、不止的讲解，使得原本简单的数学课有了千头万绪，枝繁叶茂但不见树木，学生在环节中显得被动，缺乏灵动。所以笔者认为，数学教学应该摒弃与数学主题不相关的因素，删繁就简，呈现数学的本质。下面就小学数学中的"概念教学""计算教学""数学综合实践活动"进行举例论证。

删繁就简，这里的"简"并不完全等同于简单，说的是在原有基础上取其精华和凝练。

一、概念教学

在概念教学中，很多教师虽然重视概念的理解，但往往关注旁枝，从概念的枝节上提问题，忽视了对概念本质的理解。例如，笔者在上"角的认识"一课时，在角的大小与角的两边长短有没有关系上做文章，花了很大精力让学生讨论。实际上，学生并没有学过射线和线段的相关知识，所以教材中画的角以及教师和学生画的角，不论角的两边画了多长，本质上都是射线，是无限长的。区分这些角，并非看角的两边长短，而是看这两条边的位置关系，看这两条边的张口大小，这才是对角的概念的本质把握。又如，在上"认识方程"一课时，用天平引入等式，把学生的焦点引到了如何调整天平以及天平是否平衡上，而没有突出"左边 = 右边"这个关键的关系，导致在后面的教学中学生尝试着判断某些式子是否为方程时出现了"方程到底是不是等式"的疑问。其实天平的出示，如果没有把握的话，可以直接用课件图片的方法展示，从不平衡和平衡的角度，引导学生明白平衡的关键是"左边 = 右边"，再接着引出等式和方程，这样效果会更好。

二、计算教学

新课程改革以来，计算教学中逐步强调计算方法的多样化，学生对自己算法的表达越来越好，课堂热闹活跃了，但不少学生并没有自觉反思这些算法是从哪里来的，对算理并不理解，导致对计算的印象只停留在对数字的处理上。这显然不是新课程改革的本意。于是我们反思：在计算教学时不但要关注学生的计算能力，而且要关注学生对数学计算的本质——算理的理解，即学生思维能力的发展。如"长方形面积的计算"一课，教师往往会按照教材的意图，让学生用 1 平方厘米的正方形学具摆出几个长方形，在相应的表格里分别记录自己所摆的长方形的长、宽与面积，然后引导学生观察数据，找出长方形的长和宽与沿长边和宽边摆的正方形个数的关系规律，最后归纳推导出长方形面积的计算公式。如此过程，虽然简化，但学生还是跟着教师转，顺着插好的路标走，被动思考，忽视了长方形面积学习的本质——二维空间观念的培养。于是笔者尝试在简化的基础上进行了一些处理，教师可以提问："用 10 个 1 平方厘米的小正方形直接测量给出的长方形面积，若单位面积数不够，你们怎么解决？"为不同的学生设置了不同的思考空间，学生能想到的方法多种多样，利用手中的学具，有拼摆的，有画格子的，有估算的，解决问题的欲望让学生自觉参与到探究活动中。特别是对不同的长方形面积的度量，学生利用已经获得的经验，通过思考，得出：只要沿着长摆一行，沿着宽摆一列，就能得到长方形的面积，从而让学生进一步体会长、宽的数量与面积的关系。又如"小数加减法"一课，可以先让学生体会小数加减与整数加减在算理上的联系，理解"把小数点对齐"就是"把相同数位对齐"，进一步弄清和贯通"只有相同计数单位的数才能直接相加减"的算理，从而真正掌握小数加减法的计算方法。

三、数学综合实践活动

小学数学实践活动是数学学科内的综合实践活动，其活动过程是"做数学"的过程。简单地说，它是在学生已有的生活经验和知识背景的基础上，综合运用所学的知识解决问题。所以这样的数学实践活动过程应由三部分组成，即首先根据数学现实找出所要研究的对象，其次是引导学生自觉合作，积极探索，最后对活动进行评价小结与反思。所以数学实践活动的"做数学"过程就是让学生体验数学、应用数学、进行数学反思的过程。

而很多教师在组织实践活动中，怕放开了课会乱，并没有深究活动背后学生应该获得什么，导致学生认为数学就是解题。这与"数学是过程，是活动，学数学就是做数学，就是去解决一个问题，获得一种体验"这一观点有很大的不同。所以"数学综合实践活动"的提出是一个创举，但是要实施好就需要注意以下几点：第一，设置与生活密切相关的、容易操作的活动，让全体学生能自觉经历过程，在体验中求知。如在二年级下册"简单的统计"一课，结合实际情况，组织学生观察学校路口、家门口或十字路口的摩托车、小汽车、大客车、自行车流量的情况，用喜欢的方法收集数据，并提出操作过程的具体要求。这样学生就经历了一个收集信息、处理信息和得出结论的过程。学生在此过程中学会一些探索的方法，感知"数学就是生活""生活处处是数学"。着眼于学生的实践与创新，才是数学实践活动课价值与目标的最本质体现。第二，向往课堂，在有序合作中有效思考。如三年级下册"制作七巧板"一课，重难点是找出各份图形占原正方形的几分之几。在课堂上，学生行动起来了，都动手做起了七巧板，但是却忽视了操作活动中最为重要的环节——数学思考，从而使活动变成了为了操作而操作。如此的实践操作活动大大影响了教学的有效性。如何才能让学生的实践有效呢？首先，在活动准备实施时就要讲明白为何要活动以及出示规范有序的步骤。其次，在活动进行过程中要指导学生适时停下来思考，从折一折、剪一剪、比一比中，想想每份图形占原正方形的几分之几。最后，对教学中的操作活动做出一些调整，从单纯注重"做"走向"做"与"思"的结合，以"思"为重。

曾看过一例广告：华丽的背景，优雅的音乐，模特拿着一个手机出场，画外传来导演的声音："将背景撤掉。"背景立即被推走，剩下一片简单的蓝。音乐又响起，模特再次出场，导演的声音再次出现："换掉模特的服装。"当模特身着简单的西装，从一抹蓝的背景中走出时，手机立刻成为屏幕的焦点。画外音响起："褪尽浮华，方显本色。"我不禁赞叹广告制作人的创意，但回头反思，"生命自觉"的数学课堂不是也可以这样吗？无论是概念、计算教学，还是数学综合实践活动，我们的数学教学就更应该尽量排除一些形式的、无休止的、不必要的、闲散的东西，最大限度地追求优化的课堂教学，让课堂充满生长的气息。删繁就简，变"加法"为"减法"，可以把深刻的数学教学内容以凝练、简约的形式呈现给学生，让学生轻轻松松地学数学。

参考文献

[1] 李政涛.教育呼唤"生命自觉"[J].人民教育，2010（23）：9-12.

[2] 李唯，李翠丽."生命自觉"理念下的学校文化[J].未来教育家，2013（06）：57-59.

[3] 叶澜.我对课堂教学本质的思考[J].基础教育课程，2009（Z1）：86-90.

"问题导学"模式下的小学数学课堂教学研究

刘 慧

摘要:"问题导学"指的是教师展开实践教学期间,需给学生设计带有一定挑战性的数学问题,进而促使学生在对问题加以解决期间逐渐养成习惯、形成能力、陶冶情操、获得技能以及全面发展。这是教师实施有效教学的重要途径。本文旨在对问题导学这种模式之下,在小学数学教学中提出注重知识迁移、结合生活情景、通过实践合作等方式,增加问题导学的教学效果,以期为实践教学提供些许参考。

关键词:问题导学;小学数学;课堂教学

作者简介:刘慧 / 广东省深圳市宝安区宝民小学教师

以往的教学模式太过陈旧,难以对学生数学素养以及实践能力加以有效培养。而在新时期,素质教育以及课程改革都在强调培养学生能力以及素养的重要性。因此,需要教师对原有教学模式加以创新。

"问题导学"指的是教师展开实践教学期间,需给学生设计带有一定挑战性的数学问题,进而促使学生在对问题加以解决期间逐渐养成习惯、形成能力、陶冶情操、获得技能以及全面发展。"问题导学"能够对学生产生刺激作用,促使其更加专注以及积极地学习。因此,在小学时期的数学教学当中,教师需采用"问题导学"这种模式,借助问题对新课进行导入,逐渐引发学生思考,同时完成相应评价以及归纳工作,并且保证学生学习效果以及课堂质量。

一、重视知识迁移,增强导学效果

如今,教育界普遍认可知识迁移理念,而且这个理念也是教师开展实践教学时需要加以重视的理念。所以,教师对新知识进行讲授时,需把原有知识框架当作基础,通过新旧知识之间的联系搭建迁移桥梁,促使学生对问题进行深入思考以及探究,从而对新知识进行理解以及掌握。例如,教师在对

"小数加法和减法"进行讲授时，可先给学生准备一些整数计算题，如 55–17 和 16+27，让学生进行计算。当学生完成计算之后，教师再引入 5.5+1.7 和 1.6+2.7 这些小数加减法的题目，引导学生进行思考与探究，并且让其与教材内容相结合进行探索，最后得出答案。在此之后，教师进行总结。以上教学方式能够帮助学生获取相应的数学知识，同时提高学生的分析和探究能力，提升教师的授课效果。除此之外，和以往授课形式相比，问题导学的教学模式更容易让学生接受。

二、结合生活情景，提出数学问题

小学教师在进行数学教学期间，可以借助视频、PPT 以及主题图等形式，给学生设置相应的问题情境，进而把一些抽象的以及联系紧密的数学知识进行形象化、生动化的展示，这样不仅便于学生掌握，而且能有效激发学生的探究意识，使学生的数学能力得到强化，促使问题导学整体作用得以充分发挥。例如，教师在讲授"统计图"时，就可借助多媒体来实施教学。教师可通过大屏幕播放一段超市购物情境视频，让学生进行仔细观察。当学生观看完毕以后，教师可进行适当提问，如："你在对此段视频进行观察期间，找到哪些数学信息？"之后，教师借助 PPT 对学生收集到的信息进行整理，并让学生借助所学知识进行制图。运用此种方法实施教学，除了能够提升学生的参与兴趣之外，还能提升学生的信息收集、观察以及分析能力，促使教学效果得以稳步提高。

三、亲历操作实践，小组合作探究

在学生明确自身需要探索的问题之后，教师需给学生预留充足的空间进行实践，促使学生进行自主探索，进而凸显学生的主体地位。然而，因学生经验以及能力方面的局限，学生的自主学习能力存在较大不足。如果教师让学生独自对知识进行独立探究，除了难以激发学生的探究兴趣之外，还无法对探究活动的有效性以及实施的顺利性予以保证。因此，教师可把小组机制添加到课堂教学当中，确保学生可以完成探究活动。例如在"正方体的展开图"教学中，对于"正方体的展开图有哪些"这个问题，学生以小组合作的方式，对正方体进行展开操作。受个体差异的影响，有的学生只能发现两三种展开图，有的学生可以找到五六种展开图。小组成员之间相互交流，找出重复的展开图，同时相互启发，发现被遗漏的展开图。一个小组汇报后，其余小组可以进行质疑与补充，通过组间合作的形式，进一步不重不漏地探索出正方体的 11 种展开图。借助以上方法，学生在问题导向之下，通过动手参与实践以及小组合作完成具体的探究过程，掌握相应知识，提升自身能力。

四、结论与不足

在当前新课改逐渐深入的宏观背景之下，在开展数学教学期间，教师需要积极引入"问题导学"教学模式，结合生活情景，设置数学问题，重视知识迁移，增强导学效果，让学生亲历问题探究的过程。这样可以带给学生更多体验感以及新鲜感。在促使学生进行探究的同时，增加生生互动以及师生互动，强化学生的数学能力，进而为学生日后学习打下基础。在实际教学中，也发现有些教师在核心问题的设计方面出现各种问题，导致教学效果不佳，例如：问题设置过于简单，缺乏挑战性，学生轻易解决，没有引发学生进行深入思考；问题表述不清，缺乏针对性，学生答非所问；问题设置过难，学生无法理解和完成等。因此，在"问题导学"的模式下，需要教师结合教学内容，同时基于学生的学习水平，精准设计数学问题，从而达到理想的教学效果，增强学生的数学能力与核心素养。

参考文献

[1] 娄小松 . 学案导学模式在小学数学教学中的应用及学生反馈 [J]. 现代交际：学术版，2017（15）：151-152.

[2] 尹立圆 . 刍议导学式教学法在小学数学教学中的有效应用 [J]. 中国校外教育：下旬，2016（5）：87.

以探究作业为驱动 促进学生深度学习

——以"三角形内角和"作业设计为例

蔡丹丽

摘要： 依据深度学习的理念，教师能够创设更有意义的作业情境，即根据学生不同的认知水平、学习能力、学习个性，设计更高层次的作业形式以及采用多元化的模式，让数学作业具有实践性、层次性、多样性和趣味性，旨在鼓励学生转变被动角色，发挥自身积极性，培养学生的发散能力和创造力，促进学生空间想象力、逻辑推理能力等相关智能的深层发展。

关键词： 深度学习；三角形内角和；探究性作业；作业设计

作者简介： 蔡丹丽／广东省深圳市宝安中学（集团）实验学校教师

一、重视探究作业，让深度学习成为可能

深度学习是一个有意义的学习过程，是学生在教师的指导下，在有挑战性的学习主题中积极参与、获得成功和发展的过程。深度学习是一种基于理解的学习，这意味着学生以解决实际问题为目标，以综合知识为内容，积极地、批判性地探究新知，并将新知融入原来的认知体系中，同时将现有知识转移到新的学习情境中。在这个过程中，学生获得相关的学科知识，掌握知识的本质和思维方式，形成积极的自主学习力，培养社会情感和正确价值观，成为具有批判性、创造性、基础扎实且善于合作的优秀学习者。

深度学习不只发生在课堂上，也能发生在课后。作业作为课程的有机组成部分，其本质是一种学习活动，指向课程目标，反映课程理念和价值追求。探究小学数学学科关于深度学习的个性化作业单，意义在于通过学习方式的转变，即从偏向于知识本位、注重书面习题训练的学习方式转向重视联系生活实际、强调过程与方法的学习方式，将深度学习的理念由课堂延伸至课外，让深度学习的思想在学生自主学习的领域蓬勃发展，减少机械训练式作业，培养学生的自主学习力。

二、设计探究作业，让深度学习有路可循

聚焦探究作业设计，可以实现"用少量主题的深度覆盖去替换学科领域中对所有主题的表面覆盖"，达到触类旁通、事半功倍的效果。小学数学探究作业围绕挑战性的学习主题开展，学习主题则基于数学的核心内容，通过作业设计促进学生发展。学生核心素养的培养是深度学习个性化作业设计的一个重要目标。

作业设计要针对学习主题和学生学习特征创设问题情境，依托该问题情境，提出促使学生深度思考的关键问题，让学生对关键问题进行深入探索。学生在深度学习的过程中，面对具有挑战性的作业设计，在特定的问题情境中独立思考、互动交流、深入探究，理解并掌握所学内容的本质，了解学习内容中的思维方式并培养核心素养。

（一）作业内容及形式

三角形是小学阶段的重要图形，求多边形的内角和可通过将多边形分割为若干个三角形来解决，三角形内角和是多边形内角和的基础。因此笔者以北师大版小学数学第 8 册"探索与发现：三角形内角和"为例，设计"三角形内角和"的探究性作业，以作业单的形式呈现。三角形的拟人化的问题情境创设，很自然地将学生引入知识的探究中，不仅引出了与知识相关的课题，而且通过两个三角形的提问和讨论，激发了学生的探究兴趣和求知好奇心。

（二）作业设计目标

1. 通过本次的研究和实践活动，学生进一步感受数学在生活中的作用，体验应用所学数学知识解决实际问题的过程，获得实践经历和积累实践经验。

2. 在观察实验、猜想验证等活动中，培养学生的推理能力，通过有序地思考，找到具体有效地解决问题的办法，更清晰地表达自己的思考结果。

3. 通过本探究实验，获得正确的实验结果——通过量、剪、拼、折等直观操作活动，探索并发现三角形内角和等于 180°。

（三）作业设计意图

小学数学与几何相关的主要学习目标是积累几何活动经验，发展几何直观，初步感受几何推理的魅力，体会几何的美。《义务教育数学课程标准》（2011 年版）在总目标中提出，要使学生"丰富对现实空间及图形的认识，

建立初步的空间观念，发展形象思维"；并描述空间观念的主要体现。小学阶段"图形与几何"相关内容的学习，有利于培养学生的空间观念、几何直观、推理能力，有利于培养学生的直觉意识和创新精神，使学生逐步学会用数学的眼光看待丰富的图形世界。此外，通过运用图形语言进行表达与交流，学生能更加清晰地认识数学内容之间的内在联系，掌握数形结合的思想。

转变学习方式，立足于核心素养，使学生获得整体的发展。围绕具有挑战性的主题设计与实施有意义的学习活动，使学生在特定的问题情境中，进行独立思考、互动交流、深入探究，深刻理解所学内容的本质，促进学生的深层次理解与建构。通过作业探究和展示，学生更加热爱数学，进一步增加学习数学的兴趣；希望了解现实生活中与数学相关的信息，积极参加数学学习活动；体验和他人的合作与交流，体验克服困难解决实际问题，对自己能够学好数学充满信心；通过运用数学知识和方法去解决问题，不断认识数学的意义和价值；逐渐养成乐于思考、敢于质疑、善于探究等良好的学习品质，最终提高自身解决问题的能力。

（四）作业设计原则

1. 层次性原则

在小学阶段，由于学生之间的个体差异，他们对知识的理解和掌握会有所不同。在探究性作业的设计上应遵循个性化的原则，鼓励不同学生的思维成果有多种表现形式，并根据学生的实际情况确定具有挑战性的任务。

2. 开放性原则

在问题设计上，要注意开放性的特点，才能不断激发学生的思考和创造力，培养学生的核心素养。鼓励学生从多个角度去探索数学问题的本质，充分发挥学生的主观能动性。

3. 兴趣性原则

在小学的数学学习中，一定要注意数学的基础知识、学生的发展、学科的生活化内容及作业的趣味。数学是一门比较抽象的学科，在设计作业的时候更要注重数学生活化内容的挖掘。在设计数学作业时，要提供较多的场景和趣味性的内容，促进深度学习的产生，帮助学生理解并提高多方面的能力。

（五）作业评价模式

1. 评价方式：自我评价、小组互评、教师评价、班级交流展示评价等。

2.评价维度：探究作业的态度、实验过程是否科学与完整、语言描述是否简洁、版面设计是否合理和美观、探究的结论是否正确等。

将小学数学探究性作业的设计进一步优化，让学生更容易理解和操作。将深度学习的理念由课堂延伸至课外，让深度学习的思想在学生自主学习的领域蓬勃发展，坚持问题导向，让学生在实践中不断发现、聚焦和解决问题。在实际教学实践中，给学生表现的空间，鼓励学生寻找值得讨论、值得思考的重要信息，使小学数学学习更有深度、更有思考。

教师根据实际学情，在学生进行探究作业时，为学生提供一个自由、个性化的学习空间，让不同的学生根据现有的知识基础、思维模式和学习能力进行探究，并展示解决问题的不同策略与方法。每项学习任务都为个人调整和反思留下空间。如下是一份基于上述理念而设计的"三角形内角和"探究作业单（表1）：

表1 "三角形内角和"探究作业单

成员：　　　　　　　　实验时间：

探究内容	 我的三个内角的和一定比你大。 是这样吗？ 有什么方法能验证你们的想法？说一说，做一做。
探究目的	探究不同形状的三角形内角和等于多少？
探究步骤 （可以拍照，也可以画图加以描述）	
注意事项	

续表

	结论	
评价	自我评价	
	小组评价	
	教师评价	

三、经历探究作业，让深度学习效果可见

深度学习的过程旨在建立学生对所学知识的整体理解，帮助学生构建知识迁移的方法，培养高阶思维和关键学习能力，从而提高学生的核心素养。在解决问题的过程中，教师帮助学生利用原有认知构建新的数学知识，抓住新旧知识的连接点和新知识的增长点，这不仅可以使学生更好地掌握新知，而且可以加深学生的认知层次。

三角形是几何研究中的基础图形之一，学生今后遇到复杂的图形时可触类旁通，将其转化为三角形来解决。求多边形的内角和可以转化为求若干个三角形内角和的总和，引导学生运用转化思维和化归思想来解决角度数、角之间的数量关系。面对复杂问题时，要化繁为简、化难为易、化生为熟，将抽象问题形象化、直观化，以便更好地探究数学的本质，进行深度学习，提升数学素养。

学生作品1（见附录）：学生随机绘制大小不同的三角形，利用量角器自己动手测量它们的内角，并计算各个三角形的三个内角之和。经过这个研究过程，很容易得出"三角形内角和为180°"的结论，学生对这样一个动手探究所获得的结果有深入的领悟和深刻的记忆。

在探究过程中，有的小组测得的三角形内角之和不是180°，学生通过再次测量寻找误差的原因，发现原因可能是画三角形时三条边连得不直，也可能是学生用量角器测量角度的时候出现了误差。通过改正错误，学生反思自己的研究过程并打消疑虑，加深理解与认知，培养严谨的思维。

作品2和作品4（见附录）：学生通过动手实践，用各种方法将三角形的三个内角组合成一个平角。直观形象地将三角形的内角和180°转换为180°的平角，渗透了"转化"和"归纳"的数学思想，也帮助学生体验策略的多样性。整个探索过程，学生选取不同的素材使结论更具有普遍性，学生的创

造性思维得到充分发挥。学生从内心深处接受、认可这个结论，达到验证的目的，提升学生的空间想象力及数学推理能力。作业内容以学生核心素养为重点，通过学习方式的改变，围绕具有挑战性的作业设计，实施有意义的学习活动，促进学生的整体发展。

在三角形内角和的探究作业中，设计的学习活动在学生的最近发展区内，学生可以将以前所学知识进行深度加工和提炼，以解决新问题。同时开放性的作业设计，充分尊重学生在思维角度和动手实践能力等方面的差异，满足学生学习过程中共性与个性的需求，促进学生多元化智能的发展。

作品3（见附录）：直观操作是小学生理解图形本质的主要手段，三角形内角和的关系单靠观察是很难理解发现的，需要通过操作活动进行探索，将动作的逻辑转化为思维的逻辑。该组作品中，学生创造性地利用多个完全相同的三角形进行论证，打破了只在单个三角形里探究的思维局限，这种方法思维难度较高，需要发散性思维加以猜想验证。这与学生已有的知识有关，并与学生相关的初始概念起冲突。在这种情况下每个学生都可以参与学习，可能有不同的理解水平，从而引发大家进行交流和讨论。学生通过动手操作的方式建立与实物的关联，从"做"中学，从"玩"中悟。

深度学习的过程就是解决关键问题的过程，也是选择解决问题策略的过程。学生只有发挥主观能动性进行探究活动，才能在旧知的基础上构建新知，才能进一步应用知识。学生通过探究活动平衡理论理解与实践理解，最终达成对概念的理解。

在整个探究活动中，学生通过动手操作明确了三角形内角和与三角形的形状、大小无关，抓住了三角形内角和的本质特征，无论是思维的方法、思维的多样化还是学生的反思智慧都得到发展。本次作业单的设计提供了表格式的方式，让学生有合理表达思考过程和结果的路径。由于多样化的条件、不唯一的答案及灵活的策略，学生能够充分表达自己的观点、发挥创造力和想象力、发展数学思想，获得了多角度、多层次成功的机会，实现了深度学习。

深度学习需要给学生充分思考的空间，而探究作业在课后的实践中为学生提供了充裕条件，使其能在探索数学知识的活动中，体会"学数学就是做数学"的理念。

参考文献

[1] 邱冬，王光明．平面几何教学的新视角："示以思维"——基于章建跃先生对"研究三角形"的过程分析 [J]．数学通报，2018（8）：27-30．

[2] 中华人民共和国教育部．义务教育数学课程标准(2011年版)[S]．北京：北京师范大学出版社，2012．

[3] 张明红，刘娟娟．回归本质："至理数学"教学主张的内涵解读 [J]．小学数学教师，2019（10）．

[4] 崔允漷．指向深度学习的学历案 [J]．人民教育，2017（20）．

[5] 史宁中．基本概念与运算法则——小学数学教学中的核心问题 [M]．北京：高等教育出版社，2013：137．

[6] 王桃．重视数学实验，促进学生发展——小学数学实验教学初探 [J]．学周刊，2020（15）：85-86．

[7] 郭华．深度学习及其意义 [J]．课程·教材·教法，2016（11）：25-32．

[8] 马云鹏．深度学习的理解与实践模式：以小学数学学科为例 [J]．课程·教材·教法，2017（4）：60-67．

附录：

学生作品1 "三角形内角和"探究作业——度量法

探究目的		探究不同形状的三角形内角和等于多少？
探究步骤（可以拍照，也可以画图加以描述）	1.画三角形	任意画三类三角形——直角三角形、锐角三角形、钝角三角形
	2.量度数	用量角器测量三角形各角的度数并分别做记录。
	3.算总和	将三角形各角的度数分别加起来，计算三角形的内角和。

三角形的形状	每个内角的度数			三个内角的和
	∠1	∠2	∠3	
锐角三角形	66°	45°	69°	180°
钝角三角形	125°	34°	21°	180°
直角三角形	90°	43°	47°	180°

注意事项	为了研究的严谨性，我们小组任意画了三类三角形来做实验。量角度的时候要注意量角器与三角形的边对齐，准确读出度数，为了避免误差，可多次读数。统计各数据的时候要记录详细，计算要准确。
结论	不管什么类型的三角形，三个角的度数之和都是180°。（即任意三角形的内角和是180°）

评价	自我评价	在本次实践探究中，我学会了用以前的旧知识——量角的方法，来解决新的数学问题，让我对数学学习充满了热爱和好奇。
	小组评价	我们小组分工合理，探究充分且深入，成员之间交流融洽。
	教师评价	过程严谨、探究全面，是一份优秀的示范作业。

学生作品 2 "三角形内角和"探究作业——折拼法

探究目的		探究不同形状的三角形内角和等于多少?
探究步骤 （可以拍照，也可 以画图加以描述）	1. 剪三角形	任意剪三类三角形——锐角三角形、直角三角形、钝角三角形
	2. 标角的 编号	给三角形各角分别标上编号∠1、∠2、∠3。
	3. 折三角形	
注意事项		1. 选择三类三角形分别进行研究比较。 2. 剪三角形的时候要小心，不要把角剪残缺了。 3. 折三角形时注意平行折，把一个顶点放到边上，各角的顶点一定要对齐。
结论		任意三角形的内角和等于180°。
评价	自我评价	通过折一折的方法，我完成了三角形内角和的探究活动，既发散了思维，又有力地验证了自己的猜想，整个过程很有收获。
	小组评价	我们小组认真构思，合理修改方案，作品表达清晰明了。
	教师评价	巧妙地用折一折的方法验证自己的猜想，很有数学家的思维。

学生作品 3 "三角形内角和"探究作业——接拼法

探究目的		探究不同形状的三角形内角和等于多少?
探究步骤（可以拍照，也可以画图加以描述）	1.剪三角形	剪多个一模一样的三角形（完全相同的锐角三角形、直角三角形、钝角三角形各多个）
	2.标角的编号	给三角形各角分别标上编号∠1、∠2、∠3。
	3.接拼多个完全相同的三角形	将一些完全相同的三角形如下图所示排列起来。 完全相同的锐角三角形拼一拼 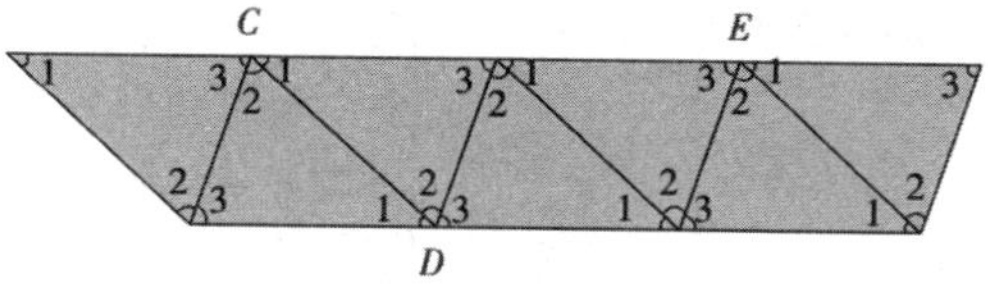 完全相同的直角三角形拼一拼 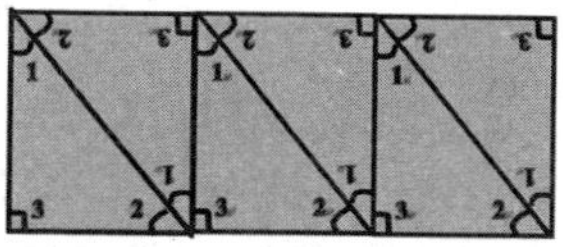 完全相同的钝角三角形拼一拼 
注意事项		1.选用三种三角形进行探究实验，确保探究结果的严谨性。 2.要剪出完全一样的三角形需要一定的技巧，可以把多张纸叠在一起剪，既提高效率又能减少失误。 3.接拼的时候，要保证三角形三个角的顶点对齐，在一条水平线上。
结论		任意一类三角形，三个角都能接拼成一个平角。因此三角形的内角和等于180°。
评价	自我评价	我在动手又动脑的活动中，经历了对知识进行探索、理解、应用和发展的过程，受益匪浅。
	小组评价	我们小组的方案合理可行，利用重叠剪纸法高效快捷，实验结果一目了然。
	教师评价	大胆创新的想法，再加上高效的实施方案，充满了数学的味道。

学生作品4 "三角形内角和"探究作业——撕拼法

探究目的		探究不同形状的三角形内角和等于多少？
探究步骤（可以拍照，也可以画图加以描述）	1.剪三角形	任意剪三类三角形——锐角三角形、直角三角形、钝角三角形
	2.标角的编号	给三角形各角分别标上编号∠1、∠2、∠3。
	3.撕并拼三角形	将三类三角形分别撕开，画一条直线做参照线，将各个角按顺序拼接好。
注意事项		1.选用三种三角形进行探究实验，分别是直角三角形（橙色）、锐角三角形（黄色）、钝角三角形（红色）。 2.撕角的时候注意保证三角形的三个角完整无缺。 3.拼三角形碎片时要注意把角的顶点对齐。 4.因为平角的度数是180°，为了方便探究，可画一条直线作为参照线。
结论		任意一类三角形，把它三个角拼在一起，都能拼成一个平角。所以任意三角形的内角和都是180°。
评价	自我评价	从选材、剪图形、标角、撕角到拼图整个过程，我都亲身参与，整个过程充满了数学探究的乐趣，也增强了我动手操作的能力。
	小组评价	我们小组内部积极讨论，组员之间分工合理，整个方案设计有新意。
	教师评价	设计方案排版合理，表达形式简洁清晰，是一份优秀作业。

借多元表征，悟数学概念

陈绮琳

摘要：数学概念是反映事物在空间形式与数学关系方面的关键属性或本质属性的基本单位。数学概念的教学是数学教学中重要的内容之一。对于计算和应用题的解决起着重要的作用。多元表征是符号表征、语言表征、操作表征、情境表征、图形表征等外在表征形式的综合，多元表征有利于学生加深对数学知识的理解，有利于学生构建良好的知识结构，增强学生全面审视问题的能力，并且帮助学生形成最优化的解题策略，因此运用多元表征理论指导概念教学具有重要的意义。笔者对如何在概念教学中恰当运用多元表征进行实践研究，以北师大版五年级上册"分数的再认识"一课的教学为例，探讨如何借多元表征悟数学概念：在动作表征中初悟概念、在表象表征中领悟概念、在口语表征中顿悟概念、在多元表征中彻悟概念，帮助学生正确地理解、运用分数概念，发展学生数学理解和应用能力。

关键词：多元表征；动作表征；表象表征；口语表征；概念教学

作者简介：陈绮琳／广东省深圳市宝安区弘雅小学教师

表征是指信息在心理活动中的表现和记载的方式。数学外在表征（简称数学表征）是指用某种形式表达数学概念或关系的行为，也指形式本身。美国教育心理学家布鲁纳认为：在人类智慧生长期，有三种表征方式在起作用，它们是动作表征、表象表征和符号表征。这三种表征系统的相互作用，是人类认知生长和智慧生长的核心。三种不同表征代表着思维活动的不同程度。学生获得数学概念往往是以线性方式从动作表征到表象表征，最后通过抽象思维形成符号表征。美国学者莱什从交流、认知的作用出发，在布鲁纳的表征系统的基础上增加了口语和实物情景两种表征，他认为数学学习中有五种外在表征形式：（1）实物情境；（2）教具模型；（3）图形或图表；（4）口语；（5）书写符号。他曾借助图形来说明数学概念的发展过程：实物操作只是数学概念发展的一个方面，其他的表述方式——如图像、书面语言、符号语言、现实情境等——同样也发挥了十分重要的作用。莱什的论述显然具有重要的现实意义，这就是指，我们在教学中不应片面地强调情境设置或动手实践。这也即是对于"联系"的突出强调（当然，对于这里所说的"联系"，我们应作广义的理解，不仅是指同一概念不同心理表征之间的联系，也是指不同概念乃至不同学科或学科分支之间的联系）。例如，美国数学教师全国委员会（NCTM）在 2000 年颁布的新的数学课程标准《学校数学的原则和标准》就将"联系"与"数和运算""模式函数和代数""几何与空间感""度量""数据、统计与概率""问题解决""推理与证明""交流""表述"等一起列为学校数学的"十项标准"。具备这些能力，一方面可增进学生在日常生活等方面的数学素养，能广泛地应用数学，提高生活质量，另一方面也能加强数学式的思维，有助于个人在生涯上求进一步的发展。"

20 世纪 80 年代以来，随着现代信息技术在教育领域的应用，多元外在表征的研究成了认知科学、教育技术、教育心理学等领域的热门话题。多元表征是符号表征、语言表征、操作表征、情境表征、图形表征等外在表征形式的综合，多元表征有利于学生加深对数学知识的理解，有利于学生构建良好的知识结构，增强学生全面审视问题的能力，并且帮助学生形成最优化的解题策略。因此运用多元表征理论指导解题教学具有重要的意义。数学学习中多元外在表征的研究主要趋势是：综合运用多种理论和多种研究方法，深入探讨多元外在表征研究对数学学习的价值与意义，建构数学学习中多元表征研究的基本理论；系统思考各种因素，探讨运用多元外在表征的教学设计，提高学习效率。

在数学学习中，数学多元表征是指同一数学学习对象的多种表征形式。南京大学哲学系郑毓信教授指出，概念教学的一个主要目标是帮助学生建立概念的多元表征，并能根据需要与情境在表征的不同成分之间做出灵活的转换。我们在概念教学中不应片面地强调"情境设置"或"动手实践"，应当注重不同表征之间的有机融合，帮助学生深刻领悟数学概念的本质。现以北师大版五年级上册"分数的再认识"一课的教学为例，对概念教学的多元表征进行探讨。

一、在动作表征中初悟概念

所谓动作表征，是指通过动作反应对知识进行表征。有些数学概念的定义就是通过动作的描述来表征的。小学生的思维以直观形象思维为主，教学概念时，教师应选择动态的直观材料，通过操作演示，引导学生观察、感知隐藏在动作或实物中的数学概念，帮助学生形成概念的直观表象。

课程开始，教师先请两名学生代表上台分别取出两个相同盒子里糖果的1/2，其中一个学生代表取出了1个糖果，接着教师让台下的同学猜一猜另一个学生可能会取出多少个糖果。学生在猜想中思考自己猜想的理由。当第二个学生取出3个糖果时，教师疑惑地请教台下的学生："同样是盒子里糖果的1/2，为什么取出来的数量不一样？"随着学生的思考与解答，教师把两个盒子里的糖果总数同时展示给学生观察，并把取的过程再重新演示一遍，帮助学生感知动作表征与分数概念原型之间的内在联系，促进他们主动形成同一个分数表示多少的相对性直观表象，初步感悟整体。接着教师再一次提问："拿出来的不一样，为什么还都是1/2？"在生生互动中初步感悟不管整体的数量是多少，只要把整体平均分成两份，取其中的一份，这一份就占这个整体的1/2，从而拓展构建了分数的概念，为接下来对分数概念的归纳概括打下基础。

二、在表象表征中领悟概念

所谓表象表征，是指用心理表象来表征知识。儿童对实物直觉和知觉后会在记忆中会留下实物的形象、肖像或图片等，通过表象可以获得知识。认知心理学研究表明，许多儿童在具体的活动经验与数学形式之间的联结中会有许多的困难，这其中的主要原因是缺乏表象操作（半具体、语言、抽象的数学符号）的中间层次，这就需要教师关注表象操作的层次。学生对分数概念的再认识，既不能仅仅停留在具体实物上，也不能一蹴而就地从实物原型直接抽象出分数概念。学生从动作表征中获得概念的初步表象后，教师应采用表象操作，即半具体、抽象的数学符号揭示概念的本质属性。

教学时，教师把教学的重点放在表象表征上。因为对分数概念的掌握不应该由教材或教师替代学生进行，必须让学生自己经历、自己体验和感悟。只有这样，学生才会构建属于自己的对分数概念的理解。信息加工理论的学者认为，有了正确的表征，问题就已经解决一半。布鲁纳更是直接说："学习的重点不在于记忆，而在于编码。"表征（编码）的重要性在"分数的再认识"的教学中表现得尤为突出。如，当学生乐于并有能力表征 3/4 这个分数时，对分数的再认识已是水到渠成的事了。而学生获得的用自己的方式表征数学概念的能力，才是对其后续学习有价值的东西。

北师大版教材直接用三组不同的图画呈现对 3/4 的表示，授课教师进行了改编，鼓励学生用自己喜欢的方式表示 3/4。在这个环节里，教师为学生提供充足的探索时间，学生独立探索、尝试表征的过程中在自己脑海中对分数概念进行了回忆、提取、分析、构建与创编，联系第一个环节中取糖果的动作表征学习，部分学生必然对分数有更多新的想法，这样的一个对分数表象表征过程有利于学生对分数概念的深入领悟，画一画、圈一圈、写一写使得学生的思维看得见。这时，教师走到学生当中了解学生的真实思维并选择有代表性的作品展示。在学生展示时，先展示多幅把一个物体看作一个整体的作品，再展示多幅把多个物体看作一个整体的作品，最后展示多幅把多组物体看作一个整体的作品。教师充分尊重学生，鼓励学生结合自己的图像表征尝试用自己的语言多元表征对 3/4 的理解。对于把多组物体看作一个整体的作品，鼓励学生大胆质疑。这是本课的一个难点，学生要尝试把多个物体分成多组物体，需要学生对分数构成中"分母表示平均分成了几份，分子表示取这样的几份"有一个非常清晰的概念，脑海中有概念才能用图像表征出来。当一些学生把自己的对于 3/4 理解的作品介绍给其他同学时，其他同学可随时提问，在生生互动、师生互动中帮助学生拓展分数概念的外延，对分数的本质属性的理解也由浅至深，同时使得学生产生真问题、真思考，培养学生思维的灵活性。学生将新旧知识进行联系学习，将原来对分数的认知迁移到新知上来，实现了深度学习，突破了教学的重难点。

三、在口语表征中顿悟概念

所谓口语表征，就是运用日常口语、数学特殊语言和专用名词表征知识。语言是思维的外壳，口语表征有助于概念的提炼。概念的外显特征易于识别，结构中隐含的本质属性则需要强化，否则，学生学习概念时极易出现只记表象而不知内涵的现象。因此，教师不仅要引导学生识别概念的外在特征，而且要引导学生经历概念口语表征的过程。

教学时，教师先让学生独立思考后小组讨论："为什么同样都表示 3/4，所表示的数量却不一样？"学生在讨论中理解整体不一样，他们的 3/4 也不一样。这个整体可以是以前学过的 1 个图形，还可以扩展为多个图形、多组图形。教师接着再追问："整体不同，为什么都可以用 3/4 表示？"学生在交流中梳理出 3/4 的意义，体会变与不变的数学思想。有了前面的铺垫，教师再鼓励学生概括出分数的意义，学生通过口语表征完善与构建分数概念的完整意义——把一个整体平均分成若干份，其中的一份或几份，可以用分数表示。

四、在多元表征中彻悟概念

学生在本课之前已经初步认识分数，经历了分数概念的符号表征，现在经过动作表征、表象表征和口语表征后，学生已经能较完整地理解分数概念了。如果教师再提供一些变式练习，将有助于学生对概念多元表征之间的互相转换，从而彻悟分数概念。

在巩固环节，教师设计了由易到难的变式练习：先看图找分数，由部分找整体，由部分找部分，实现符号表征到图像表征的转化；接着是说一说生活中分数的意义，重点引导学生关注分数对应的整体；紧接着是实践题：巴黎圣母院中圆形玻璃块数的 1/4 需要修复，方形玻璃块数的 3/4 需要修复，需要修复的圆形玻璃和方形玻璃谁的块数多呢？学生在多元表征中再次认识到整体的重要性，学会假设的数学方法；最后，布置课后多元表征作业：将对分数的再认识做一份手抄报。

总之，在概念教学中，应遵循学生的认知规律与特点，引导他们经历多元表征过程，沟通联系各种表征，从多维度领悟概念。

小学数学低段单元统整教学中的实践研究

——以"认识图形"为例

杜 巧

摘要: 单元整体教学是当前较为流行且具有研究价值的一种课堂教学,在小学数学低段教学当中,学生思维发展处于较薄弱的阶段。"认识图形"是小学数学重要内容之一,但学生空间几何思维发展能力较薄弱,且这一领域知识存在前后知识点间隔时间长、学生思维能力发展断层的现象,对此,教师应当深入浅出地进行统整性教学。对于小学数学教学来说,单元整体教学思想不仅丰富了教师的教学途径,而且有助于学生形成完整的认知体系,提高学生的学习兴趣,发展学生的思维能力。因此教师应该做好学情调研分析,认真研读教材进行单元教材分析,确保教学目标的整体化,以游戏为载体提高学生单元整体性学习的积极性。

关键词: 小学数学;认识图形;单元统整

作者简介: 杜巧/广东省深圳市宝安区羊台山小学教师

小学数学单元统整教学是指立足教材单元,着眼核心主题,本着知识整体观的思想,把单元内外散点状的知识彼此链接,形成结构化的整体。打破教材编排、课时安排等限制,按照一定的学习主题对原有单元内容进行解构、重组、融合、优化,重新拟定教学主题、设定教学目标、设计教学活动、开展教学评价。实施小学数学单元统整教学,做好内容统整是关键,下面就单元内容统整的问题、意义、方法及策略进行阐述。

一、单元教学中存在的问题

传统小学数学课堂教学基本上是结合教材内容按课时进行,这样会导致学生学习的数学知识较为孤立和零碎以及掌握的知识结构体系缺乏一定的完整性。以统整理念为背景开展的数学结构化教学,能够有效解决传统单课教学导致的知识碎片化问题,使数学单元教学在结构、观念、系统、整体的视角下得到有效统整，从而对小学生认知结构的整体变化起到积极的促进作用。

在第一学段空间与图形的教学中，《义务教育数学课程标准（2011年版）》明确提出：在本学段教学中，学生认识简单图形，感受平移旋转对称等现象，初步建立空间观念。有教师不断尝试通过多种方法培养学生的思维空间能力，但忽视了学生的整体性认知，教学碎片化的现象依旧严重。

（一）知识呈现孤立，知识前后断层

我们来看看低段学生在不同时期"认识图形"部分的学习情况：北师大版一年级上册学生初步认识了立体图形，如长方体、正方体、球、圆柱体；一年级下册学生初步认识了平面图形，如长方形、正方形、圆、三角形。在学习一年级下册"认识图形"之后，我们发现如果同时出现球和圆，学生会出现辨认错误，不能正确地区分球和圆。当前，认识图形是碎片化的教学。一年级上册学习完球、长方体、正方体等立体图形后，间隔一个学期后再学习圆形、长方形等平面图形，这两个前后关联性较强的知识点显得分散、不系统。因而认识图形的知识呈现孤立的状态，学生的学习也会因为遗忘而产生前后衔接困难，存在断层。

（二）学习被动乏味，学生积极性不高

现北师大版每册数学教材中都有认识图形的知识，而学生在螺旋式学习的过程中，缺少学习的动力和长久的目标，缺乏对知识的整体把握，处于被动式学习。二年级下册"认识图形"这一单元是在初步认识角以及直观认识直角、锐角、钝角后安排学习平行四边形。教材中把长方形和平行四边形分开2个课时编排。长方形通过变形变为平行四边形，这样让学生从平行四边形与长方形的联系与区别中进一步直观地认识平行四边形。但如果把长方形和平行四边形放在一起作为一个课时学习，不仅可以沟通知识内部的联系，而且有利于知识整体结构化，会使学生的学习更具目标性，从而激发学生学习的主动性。

（三）学生思维发展能力不高

在一年级上册中，学生认识了长方体、正方体、圆柱、球四种简单的立体图形；在一年级下册，学生能在已有的基础上认识并辨别长方形、正方形、三角形和圆，但使学生体会"面在体上"，学生的空间思维能力还不够。因此，通过整合发展学生的思维能力是值得我们研究探讨的。

（四）教师缺乏单元整体教学意识

在传统教学当中，教师往往对数学教学缺乏一定的整体性认知，只是按照教材的结构上课，不能系统地对知识点有更好的整合，从而不能更科学、更高质量地备课。

基于此，我们有了更多的思考：怎样进行单元统整？单元统整能给我们带来哪些价值？怎样整合更有效？如何构建合理的整合资料？能够通过游戏化的教学方式进行单元统整的学习吗？单元统整有哪些意义和策略？基于此，笔者根据教学实践经验，对单元统整教学的意义和策略进行了思考。

二、单元统整教学的意义

当前认识图形的学习呈现碎片化、重复性和被动性的现状。单元统整教学可以使碎片知识整体化，更具系统性，时间合理化，更具高效性，主体学生化，更具目标性。在低段教学中，考虑到学生的无意注意占优势，有意注意还不完善，教师可以适当借助或开发有趣味的数学游戏调动学生的无意注意，更好地辅助单元统整教学。

（一）有助于学生形成完整的学习认知体系

在传统的学习生活当中，学生在学习数学时并不具备相对完善的认知体系，在学习过程当中缺乏正确的学习方法，同时低段学生的认知思维能力和认知体系发展较弱，对于许多困难和繁杂的数学知识不能够充分吸收，也没办法更好地运用这些知识解决日常生活当中的数学难题。北师大版数学一年级上册中，学生初步认识了立体图形，如长方体、正方体、球、圆柱体；一年级数学下册中，学生初步认识了平面图形，如长方形、正方形、圆、三角形。这两个单元如果统整在一起开展教学，能让学生在学习的过程当中逐渐形成完整的认知体系，能让碎片化知识系统地整合在一起，学生学习会更高效和科学。

（二）有助于提升学生的学习兴趣和积极性

开展小学数学单元整体性教学，有助于提升学生的学习兴趣和积极性；帮助学生在学习的过程中了解单元整体教学的特点，充分发挥学生的主观能动性；帮助学生掌握数学知识，同时也有利于提高学生的数学素养，让学生能够对数学学习产生浓厚的兴趣。

（三）有助于发展学生的思维能力

好的内容统整应该将碎片化知识变为整体性知识，能够使学生在大单元、大任务的持续探究中获得更充分的思考时间和空间，能够使学生在结构性课程内容的引领下，从已有经验和知识原点出发，发现知识建构的关键节点，亲历知识的迁移、生长、关联的动态过程，开阔眼界，积累经验，从而使学生的思维能力得到更好的发展。

（四）保障教师教学进程得以顺利开展

单元统整教学有利于教师主导作用的发挥。可以帮助教师转变教学方式，由单一课时的点状推进转变为单元知识整体建构，有助于教师大单元集体备课，提高备课的实效性，也有助于教师掌握单元整体性教学的教学能力，并且丰富学生对数学知识的整体认知，保障教学进程得以顺利开展。

三、如何进行单元统整

在实际教学实践中，笔者将北师大版数学一年级上册"认识图形"和数学一年级下册"有趣的图形"两个单元进行统整。这两个单元内容有着紧密的联系，同时与一年级其他单元是无关联的，统整性较强。

（一）准确分析学情

分析学情是教师要做的重点工作之一，客观学情是单元统整的依据。我们要充分了解学生已有的知识基础、活动经验、思维能力、心理特点和个体差异，还要预先推测学生在学习过程中可能遇到的困难。可以采用多种方式收集学情信息，如课前访谈、学习观察、前测问卷等。

在一年级上册中，学生认识了长方体、正方体、圆柱、球四种简单的立体图形，具备借助操作活动直观认识图形的活动经验，同时学生在生活中已经对长方形、正方形、三角形、圆有直观感知经验。对于"认识图形"这一内容笔者对执教的班级进行了前测分析：

（1）90%的学生在描述时能直接说出得到的图形名称，如正方形、长方形、三角形、圆，能初步感知"面"在"体"上。

（2）95%的学生对于"面"在"体"上缺乏从形象到抽象的认知。通过分析发现，学生能在已有的基础上认识并辨别长方形、正方形、三角形和圆,但使学生体会"面"在"体"上,发展学生的空间观念还有一定的难度。通过单元整合,发展学生的思维能力和对知识的理解力是值得我们研究探讨的。

(二)统整"认识图形"

在单元内容解读和学情前测的基础上,笔者对不同版本教材进行了详细的对比研究,分析研究教材知识点内容,科学地进行单元内容统整,打破教材内容小步子、碎片化的呈现方式,将具有相同本质特征的内容重组在一起进行结构化的教学,有利于数学思想方法的集中渗透。在不加深知识难度和学生负担的情况下合理确定教学主题,笔者将两部分内容以跨年段、跨教材、跨课时为主线进行模块化的内容统整:统整前如图1,统整后如图2,统整后的单元课时数量虽减少,学生认知结构能螺旋式上升,活动设计更丰富,知识点更具有连贯性、层次性,学生思维得到更深发展。

统整前单元课时结构		
一年级上册"认识图形"	第1课时	认识图形 (直观认识长方体、正方体、球、圆柱)
	第2课时	我说你做 (认识立体图形的特征)
一年级下册"有趣的图形"	第1课时	认识图形 (认识长方形、正方形、三角形、圆)
	第2课时	动手做(一) (折纸、拼图活动)
	第3课时	动手做(二) (认识七巧板)
	第4课时	动手做(三) (欣赏与设计)

图1 统整前"认识图形"单元课时安排

统整后单元课时结构		
一年级上册《认识图形》	第1课时	认识图形 1.直观认识长方体、正方体、球、圆柱。 2.认识立体图形的特征。
	第2课时	认识平面图形 1.认识长方形、正方形、三角形、圆 2.折纸、拼图活动认识平面图形
一年级下册《有趣的图形》	第3课时	玩转七巧板 1.有趣的七巧板,游戏化教学
	第4课时	缤纷图形 1.欣赏与设计 2.创作图形作品

图2 统整后"认识图形"单元课时安排

四、"认识图形"单元统整教学的策略

（一）做好学情调研分析

教师在实施单元整体性教学的过程当中，要从课程的整体需求出发，首先了解学生的具体学习情况，针对每一个学生的不同学习情况进行有计划性的教学，要遵循每一个学生的发展特点，从而能够更好地满足学生的学习需要。教师可以通过测验、访谈、问卷调查等方法，寻找小学低段学生数学学习中认识图形的真实起点与困难点，发现学生数学学习的生长点与认知空间，探索学生学习的认知发生条件与发生机制，从而便于教师设计适当的教学内容与手段来帮助学生突破难点，发展学生学习的认识空间。

（二）研读教材，做好单元教材分析

通过对单元知识结构与学生认知结构之间的分析，根据学生已有的知识和学习能力，在对教材进行深入浅出剖析的基础上，打破现有教材的编排、课时安排等限制，以内容相近、结构相似的知识点为整体重新进行整合、编排，重组单元资源，从而使单元知识更具联系性、系统性及整体性。"认识图形"和"有趣的图形"两个单元内容前后有着紧密的联系，统整成为一个单元教学效果更佳。统整前6课时，统整后4课时。同时对不同版本教材进行分析，如对人教版、北师大版等教材中认识图形的内容体系和编排特点进行系统的梳理和分析，对比不同版本教材在认识图形上处理方式的相同与不同之处，为单元统整教学提供更明确的方向。

（三）实现教学目标的整体化

教师应当掌握数学单元整体教学的策略和方法，实现教学目标的整体化，合理地设计单元整体教学，从整体上对学生的发展特点和具体学习情况进行分析，合理地评估各个部分是否能够科学地融合到一起，以及是否能够实现单元教学统整的目标。笔者将"有趣的图形"和"认识图形"统整后，在不增加学生负担的同时能加深学生对立体图形和平面图形的认识，让学生更好地区分立体图形与平面图形的特征，提高学生对平面图形、立体图形的整体把握度，开阔学生的眼界，提升学生的思维。

（四）以游戏为载体，促进单元统整

为了切实提高学生对学习数学的积极性和热情，数学单元整体性教学的策略和方法要具有丰富性。针对目前小学数学教育游戏种类繁多、较为分

散的现状，教师可以对现有的资源，如手动式游戏、flash 游戏和在线教育游戏等进行收集、整理，选择适合学生的游戏，同时教师也可以自行设计游戏，特别是在认识图形数学领域中，更需要游戏化的教学来提高学生的学习兴趣。例如：在"认识图形"的单元统整教学设计中，搭一搭、摆一摆、拼一拼、玩一玩等游戏让学生更深入地认识长方体、正方体等图形。在"玩转七巧板"教学中，可以让学生进行拼七巧板比赛，看谁拼的七巧板又快又好。学生在趣味性的竞赛中对七巧板也会有更深的认识。在立体图形的教学中，可以让学生课前搜集生活中的立体图形，在课堂上用搜集到的立体图形搭一座漂亮的城堡，加深学生对立体图形的认识。

五、结语

综上所述，小学数学认识图形的单元统整教学具有非常广泛的教学意义，合理地运用单元统整教学的策略和方法有助于提升学生的学习兴趣和积极性，有助于教师掌握教学的整体性，从而帮助学生形成完整的学习认知体系，拓展学生的思维。在设计单元统整的案例前，教师应做好学情调研分析，研读不同版本教材并进行对比分析，梳理单元学习目标，再根据学生学情调整课时，同时以游戏为载体设计单元课例，提高教学效率，并为后期的数学知识学习奠定扎实的基础。

参考文献

[1] 中华人民共和国教育部 . 义务教育数学课程标准（2011 年版）[S]. 北京：北京师范大学出版社，2012.

[2] 何杰，席爱勇 . 深度学习视野下小学数学单元整体设计维度与注意问题 [J]. 淮阴师范学院学报 .2019，12.

大数据透视下的精准教研实践研究

——以滨海小学课堂观察为例

罗莉华

摘要：传统的教研活动往往依靠经验对教学现象进行诊断，借助大数据对课堂教学进行观察诊断，可以实现精准教研，提高教学质量。开展基于大数据的循证式教学研究，有利于对课堂教学中的问题设计与实施行为进行定性、定量分析，提高问题设计与实施质量。构建基于数据分析的问题化校本教研，可帮助教师找到解决课堂教学问题的途径，促进教师的专业成长，实现校本教研从经验走向精准、从点散走向系统的教研文化转型。

关键词：大数据；精准教研；课堂观察；教学行为改进；问题设计

作者简介：罗莉华 / 广东省深圳市宝安区滨海小学副校长

一、问题的提出

2019 年 6 月，《中共中央　国务院关于深化教育教学改革全面提高义务教育质量的意见》中明确提出，要"强化课堂主阵地作用，切实提高课堂教学质量"。课堂教学的质量取决于教师的教学水平，而教研则是提升教师教学水平、提高课堂教学质量的重要手段。传统的教研活动往往依靠主观判断和经验堆叠，有经验的教师通过多年积累的经验带着年轻教师，以说课、听课、评课、反思等常规模式开展教研，看似轰轰烈烈的背后却无法做到精准的诊断评价和及时的反馈调适，致使教研存在效能低下的现象。

在当今信息化的时代，大数据以及大数据的分析手段在教育领域已经得到了广泛应用，基于大数据的精准教研能够通过对课堂教学行为的数据分析，解决原有教学研究中难以实现课堂量化分析、教学改进多来源于主观经验的问题，实现课堂教学行为表现的数量化，为驱动精准教研、开展基于循证式教学研究提供可能。

本研究以滨海小学一个学期内的 12 节课为分析对象，试图基于大数据的精准视角，实现精准教研，找到教学改进的切入点，实现提高课堂教学质量的目的。

二、课堂观察数据收集方法简介

　　课堂观察是课堂研究广为使用的一种研究方法，为让课堂观察从"感性描述"走向"理性反思"，学校与首都师范大学王陆教授率领的靠谱 COP 团队合作，基于大数据的课堂观察，运用编码体系分析方法和记号体系分析方法对教师的课堂教学行为进行分析，形成详细的课堂教学行为大数据分析报告，并根据分析报告给出专业的教学改进建议，为精准教研提供必要的支持资源。

　　编码体系分析方法是对教师的课堂教学行为进行观察，获得教学行为发生的频次和比例，通过分析得到相应的数据。"S—T"分析方法是编码体系分析方法中的一种简单、有效的方法。S 是 Student 的首字母；T 是 Teacher 的首字母，"S—T"分析方法主要通过对课堂教学过程的实际观察和观看课堂教学过程录像资料采集师生行为类别的数据。这一分析方法用两种不同的方式表示教学模式：一种是"S—T"图，即学生和教师行为随时间变化的教学模式图。另一种是"Rt—Ch"图，"Rt"表示教师的讲授和演示行为的占有率，"Ch"表示教学中师生活动的交换程度。"Rt"值越大，表明教师在教学过程中的活动比例越大。

　　记号体系分析是指预先列出一些需要观察且有可能发生的行为，观察者在每一种要观察的行为发生时做个记号，核查所要观察的行为有无发生。这一分析方法主要包含四个维度：有效性提问分析、教师理答方式分析、4MAT 分析、对话深度分析。

三、课堂观察数据分析与改进

　　本研究所有数据均来自滨海小学 2020 年 2—6 月 12 位教师（5 位新手教师、7 位成熟型教师）的课堂教学行为诊断数据，涉及语文（4 节）、数学（4 节）、英语（3 节）和科学（1 节）共 4 个学科的课堂教学行为大数据。每一节教师课例的分析报告包括：课例信息、教学模式分析、有效性提问分析、教师理答方式分析、4MAT 分析、对话深度分析和基于数据证据链的综合评价与建议，报告可以清晰地呈现授课教师课堂教学行为的特征、教学中存在的问题并给出改进的建议。下面以问题的设计与实施视角为例进行阐述。

（一）问题设计与实施行为的分析

1. 聚焦教师问题设计类型的分析

课堂观察数据如表 1 所示。

表 1　教师问题类型分析

	管理性问题	记忆性问题	推理性问题	创造性问题	批判性问题
滨海小学数据	0.00%	36.50%	34.44%	21.86%	7.20%
全国常模数据	1.83%	37.13%	33.36%	19.47%	8.21%

如表 1 所示，管理性问题为 0，反映出学校教师能通过教学内容、教学活动较好地调控学生的课堂学习状态；推理性问题与创造性问题高于全国常模数据，反映出学校教师在设计问题时能充分考虑学生的已有学习基础，善于促进学生逻辑推理、科学论证等逻辑思维能力，有促进学生主动思维的意识，能运用合作探究方式开展学习；记忆性问题虽低于全国常模数据，但比例较大，反映出教师问题的设计能与学生已有的知识或生活经验相联结；而批判性问题的比例则低于全国常模数据，反映学校教师提出的问题涉及缺乏批判性倾向的劣构问题。由此可见，学校教师在变换角度引发学生进行深层次思考的批判性思维培养方面还有待提高。

2. 聚焦学生回答问题方式的分析

课堂观察数据如表 2 所示。

表 2　学生回答方式分析

	集体齐答	讨论后汇报	个别回答	自由答
滨海小学数据	3.66%	25.26%	65.26%	5.82%
全国常模数据	19.21%	6.50%	68.53%	5.76%

如表 2 所示，在学生回答方式上，以个别回答和讨论后汇报为主，也有自由答和少量的集体齐答。个别回答的比例较高，说明学校教师能够给学生充分、完整表达观点的机会，通过个别回答，能了解学生的学习情况。讨论后汇报的比例远高于全国常模数据，说明学校教师注重课堂中的合作学习、生生互动，能够促进学生之间相互启发、互相帮助，提升学生的知识建构能力；集体齐答的比例远低于全国常模数据，这在一定程度上能够反映出教师课堂中的问题设计有一定的难度，能够充分暴露学生的问题，关注学生的个体差异。

3. 聚焦学生回答问题类型的分析

课堂观察数据如表 3 所示。

表 3　问题回答类型分析

	无回答	机械判断是否	认知记忆性回答	推理性回答	创造评价性回答
滨海小学数据	1.26%	4.74%	29.59%	31.97%	32.44%
全国常模数据	0.75%	5.48%	34.42%	31.17%	28.18%

表 3 所示反映出，学生的推理性回答和创造评价性回答高于全国常模数据，与表 1 中的问题类型相对应，说明教师课堂拥有更多的开放性问题，注重让学生经历科学思维和科学探究的过程，注重发展学生的逻辑推理能力和高阶思维能力，课堂中学生的推理性回答和创造评价性回答也促进了教师教学反思水平的提升；教师问题提出后无回答的比例高于全国常模数据，反映出教师提出的问题比较难，或教师提出的问题让学生无法理解，这需要教师反思，问题的提出要与学生最近发展区紧密相连，要帮助学生搭建解决问题的支架。

4. 聚焦教师课堂提问结构的分析

课堂观察数据如表 4 所示。

表 4　问题结构分析

	是何问题	为何问题	如何问题	若何问题
滨海小学数据	70.03%	11.93%	12.82%	5.22%
全国常模数据	70.58%	11.75%	13.36%	4.31%

表 4 所示反映出，为何问题和若何问题的比例高于全国常模数据，说明学校教师比较注重培养学生原理性知识的获取和知识的迁移能力，能够引导学生探究问题的原理，让学生知其然，又知其所以然；同时教师还能够通过问题创设情境，提升学生在实际生活中运用知识的能力。如何问题的比例低于全国常模，说明课堂中指向方法策略知识的问题还需进一步提升。

5. 聚焦教师在课堂教学中与学生对话的深度分析

课堂观察数据如表 5 所示。

表 5　师生对话深度分析

	深度一	深度二	深度三	深度四	深度五
滨海小学数据	69.27%	23.86%	5.96%	0.91%	0.00%
全国常模数据	65.81%	24.56%	7.26%	1.78%	0.59%

如表 5 所示，对话深度一的教学行为高于全国常模数据，反映出无论是新手教师还是成熟型教师，在课堂教学中师生对话多采用一问一答式，浅层对话的居多；其余对话深度均低于全国常模数据，反映出基于学生的回答教师进行恰当追问的能力还需要提高，以提升师生的对话深度，并引导学生从表层学习走向深度学习。

综上所述，滨海小学的课堂问题设计与实施呈现出一些明显特点，教师虽有提出高水平问题的意识，但未能将高水平问题进行分解，并引导学生进行深入研究，培养学生的高阶思维。

（二）确定教学改进的切入点

通过对本组教师课堂教学行为的大数据分析得出，学校将以教师提出问题的质量为改进教学的切入点，优化教师课堂教学行为，实现提高课堂教学质量的目的。

1. 优化问题系统，平衡低阶问题和高阶问题的比例

低阶问题与高阶问题是课堂教学中的问题组，高阶问题建立在低阶问题上，两者相辅相成。设计教学时，挖掘教学内容中能促使学生进行高阶思维的教学目标，以学科核心问题、单元核心问题、知识点关键问题开展高阶问题的设计，以分析、综合、评价进行统领，增加"四何"问题中的"为何问题""如何问题""若何问题"、创造性问题以及批判性问题的比例，减少以识记、理解、运用为主的"是何问题"，深挖问题设计的思维价值，将核心知识串联，优化基于课堂"提问—回答"之后再次"提问—回答"如此的层层递进关系的问题系统，引导学生深入探究学习问题，带动学生思维深度的发展，进一步改善课堂教学质量。

2. 促进师生深度对话，提高课堂生成的高度

师生间的深度对话能促进学生高阶思维能力的发展，帮助学生从文本的浅层知识深入到对问题本质的思考。首先，每一节课要设计主问题，以 2—3 个主问题统率本节课的其他问题，使本节课的问题系统相对有条理，同时增设批判性问题，有助于学生从不同角度对文本学习内容进行思考，拓宽思维的深度，发展思维的创造性、灵活性；其次，重视学习方法的指导，教给学生概括的方法，给学生提供不同思考的逻辑；再次，创设民主平等的对话氛围，加强学生对问题的认识和理解，易于师生及时捕捉有价值的信息，促进

课堂预设与课堂生成有机融合；最后，及时加工课堂生成性资源，在核心内容、关键问题上，将学生回答的答案抛给全班同学，让所有学生进行讨论或评价，这样既珍视学生的独特理解，发展学生的求异思维，又能利用错误资源，破除思维的迷障。

四、研究结论

本文就滨海小学一个学期 12 节课的课堂教学行为进行课堂观察数据的整体分析，对精准教研视角下的教学改进切入点进行探究，得出如下两点结论：一是开展基于大数据的循证式教学研究，可以从经验教研走向精准教研。课堂教学的数据分析能够为重构课堂问题设计提供参考数据，帮助教师对问题设计进行定性、定量分析，提高问题设计质量。二是开展基于大数据的系统式教学研究，可以从单点教研走向系统教研。将课堂教学的数据分析与校本教研相结合，构建基于数据分析的问题化校本教研，帮助教师找到解决课堂教学问题的途径，形成问题研究系列化的模式，让教学研究从经验性向科学性靠拢。

依托课堂观察的数据对教学行为的研究，能发现课堂教学行为问题，并提出针对性的改进措施，有效促进教师教学水平的提高，进而提高学校课堂教学质量。

参考文献

[1] 新华社 . 中共中央　国务院关于深化教育教学改革全面提高义务教育质量的意见 [EB/OL]. 新华网 . http ：//www.moe.gov.cn/jyb_xxgk/moe_1777/moe_1778 /201907/t20190708_389416.html, 2019-07-08.

[2] 晋桔, 卢永宏 . 从经验走向精准——基于大数据的"三性"校本教研初探 [J]. 教育科学论坛, 2020（19）：52-54.

[3] 胡小勇, 林梓柔 . 精准教研视域下的教师画像研究 [J]. 电化教育研究, 2019, 40（07）：84-91.

[4] 王陆, 张敏霞 . 基于课堂教学行为大数据的课堂观察方法与技术 [M]. 北京：北京师范大学出版社, 2019.

把握统计思想的渗透　发展数据分析观念

黄　力

摘要：身处这个大数据时代，每天都接发大量的信息，我们的日常生活、学习与工作都比过去更加依赖形形色色的数据信息。2001 年颁布的"课标实验稿"将原来的"统计初步知识"拓展为"统计与概率"，成为小学数学课程内容的四大学习领域之一，并提出了发展学生统计观念的培养目标。在此基础上，"课标 2011 年版"进一步将"统计观念"修改为"数据分析观念"。可见国家对于在小学数学课堂中渗透"统计思想"的重视。

关键词：统计思想；分析观念；小学

作者简介：黄力 / 广东省深圳市宝安区径贝小学教师

一、什么是统计思想

中国古代统计思想，最早可追溯到上古时期的结绳记事。《周易·系辞下》曾有记述："上古结绳而治，后世圣人易之以书契。"西汉的《九家易》对其解释为："古者无文字，其有约誓之事，事大，大其绳，事小，小其绳，结之多少，随物众"，即根据事件的性质、规模或所涉数量的不同，系出不同的绳结。这表明当时已用结绳法来表现社会现象的数量，并产生了简单的分组。这可视为中国古代统计思想的萌芽。而所谓统计思想，就是在实际统计工作、统计学理论的应用研究中，必须遵循的基本理念和指导思想。统计思想主要包括均值思想、变异思想、估计思想、相关思想、拟合思想、检验思想等思想。

统计思想如此深奥，统计的过程又是如此烦琐、单调，为什么小学生要学习统计呢？怎么判断一个小学生是否具备一定的统计思想？我们不妨举个简单的例子。如果一个孩子去买钢笔，他仅仅从价格便宜或者颜色、造型上考虑，那么他就不具备统计思想。如果他在购买之前，能先到其他商店去看看同类钢笔的价格或者不同价格钢笔的质量，将这些数据收集起来，进行比较分析，就可以帮助他买到一支质量好价格又合适的钢笔，这说明他已经具备了一定的统计思想。

学会用数据说话，做出科学的推断与决策，这对学生的未来生活、工作与学习具有重要的指导意义。

二、从"统计观念"到"数据分析观念"

2001 年颁布的《全日制义务教育数学课程标准（实验稿）》指出：

统计观念主要表现在：能从统计的角度思考与数据信息有关的问题；能通过收集数据、描述数据、分析数据的过程做出合理的决策，认识到统计对决策的作用；能对数据的来源、处理数据的方法，以及由此得到的结果进行合理的质疑。

这段话包含了三方面：①统计思考；②统计过程及其认识；③对统计过程、方法、结果的反思。

而"课标 2011 年版"对"统计观念"则修改为"数据分析观念"，并纳入小学数学十大核心概念，其指出：

数据分析观念包括：了解在现实生活中有许多问题应当先做调查研究，收集数据，通过分析做出判断，体会数据中蕴含着信息；了解对于同样的数据可以有多种分析的方法，需要根据问题的背景选择合适的方法；通过数据分析体验随机性，一方面对于同样的事情每次收集到的数据可能不同，另一方面只要有足够的数据就可能从中发现规律。

这段话点明了两层意思，第一，点明了统计的核心是数据分析。第二，点明了数据分析观念的三个重要方面的要求：体会数据中蕴含着信息；根据问题的背景选择合适的方法；通过数据分析体验随机性。这三个方面也正体现了统计与概率独特的思维方法。

对照比较：①修改后去掉了较为空洞的统计思考；②对统计观念的两个具体内容做了较大的调整；③增补了"体验随机性"的学习要求。

具体地说：关于统计过程及其认识，修改后将"决策"降低为"做出判断"，并强调数据蕴含信息。这比较符合小学数学的教学实际。关于对统计过程、方法、结果的反思，淡化了"质疑"，强调了方法的多样与合适，也涵盖了统计的问题解决。

2001版的课程标准明显缺失的是没有提及"随机性"，后续的增补不仅十分必要，而且十分具体地从两方面刻画了随机性的含义：一方面对于同样的事情每次收集到的数据可能是不同的；另一方面只要有足够多的数据就可能从中发现规律。

三、教学建议

一线教师能够切身体会到目前上统计类教学内容时所遇到的"瓶颈"：其一，统计活动的资源还不够丰富，或者说"可操作性"不强，这也是为什么一线教师落实不好"过程性"、提升不了"亲切感"；比如北师大版四年级下册栽蒜苗（一）一课，有几个教师能让学生真正地培育蒜苗，记录蒜苗的长势？其二，鉴于小学数学的统计教学内容，还是以统计图表和平均数为主，统计图的生成、平均数的计算大可由电脑软件代替，我们的教学内容该如何与时俱进？

基于以上的分析，我们试图在深入剖析2011版《课标》中"数据分析观念"这一核心概念的基础上，结合21世纪信息时代的背景，谈谈统计类教学内容的教学建议。

（一）设计问题情境使学生体会收集数据的必要性

要使学生接受统计特有的观念，最有效的方法是让他们真正投入产生和发展统计观念的全过程。因此，教学中应注重设计贴近学生生活的情境，使他们产生收集数据的需要。带领学生经历收集数据、整理数据和分析数据的过程，逐步形成统计意识。

例如，某教师在教学一年级"统计"时，带领学生统计喜欢吃哪种蔬菜的学生最多的数据，让学生经历数据得出的过程。具体做法是：有西红柿、茄子、菠菜、菜花四种蔬菜，先让学生每人选择一种最喜欢吃的蔬菜，再利用现场站队的方法分类，数各队的人数，填入统计表后抽象成条形统计图，让学生经历统计图形成的完整过程，最后回顾这一学习过程，总结出统计方法：分类—统计—填表—检验—提出数学问题。

（二）鼓励学生多样化地整理、记录和呈现数据

在北师大版教材中，学生第一次接触统计类的学习内容是在二年级下册的"评选吉祥物"和"最喜欢的水果"两个部分。这两个部分主要通过鼓励学生用自己的方式呈现整理的数据，加强学生对数据分析的活动体验。教材首先安排让学生观察淘气和笑笑记录和整理数据的不同方式，然后引导学生尝试用自己的方式记录调查的数据，无论是读懂他人的记录方式，还是探索自己的记录方式，这些活动都将丰富学生对数据分析的体验，激发学生对数据整理活动的兴趣。

此外，教材在安排读懂他人的记录方式时，呈现了□、×、口、△、√五种不同的记录方式，以开阔学生的视野。在让学生进行自主探索时，教材也通过文字、图形等引导学生用不同的方式记录、整理和呈现数据，丰富学生对数据分析的经验，为后续统计内容的学习打下牢固的基础。

（三）让学生体会分析数据的重要性

在数据收集完成以后，教师可以让学生体会分析数据的作用。如组织学生调查班级同学的身高情况。这是个很平常的情境。教师可在学生搜集数据后进行提问："看到这些身高的数据，想一想它们能帮助我们解决什么问题？"有的学生回答："我可以了解我们班同学的身高情况，从而知道我自己的身高在班内处于什么情况。"也有的学生回答："我们班有 8 岁的，有 9 岁的，我今年 8 岁，看到 9 岁同学的身高我可以预测一下我到 9 岁时大概多高。"还有学生这样回答："学校可以根据我们班的身高情况确定我们的课桌椅的高度。"

四、"条形统计图"教学案例

数据统计的全过程包括收集数据、整理数据、绘制图表、分析数据、得出结论五个环节。在统计教学中，建立数据分析观念至关重要。数据分析观念贯穿于数据统计的各个环节，因此，教师要培养学生的数据分析观念，就要让学生经历统计学习的全过程，以"条形统计图"教学为例，如图 1。

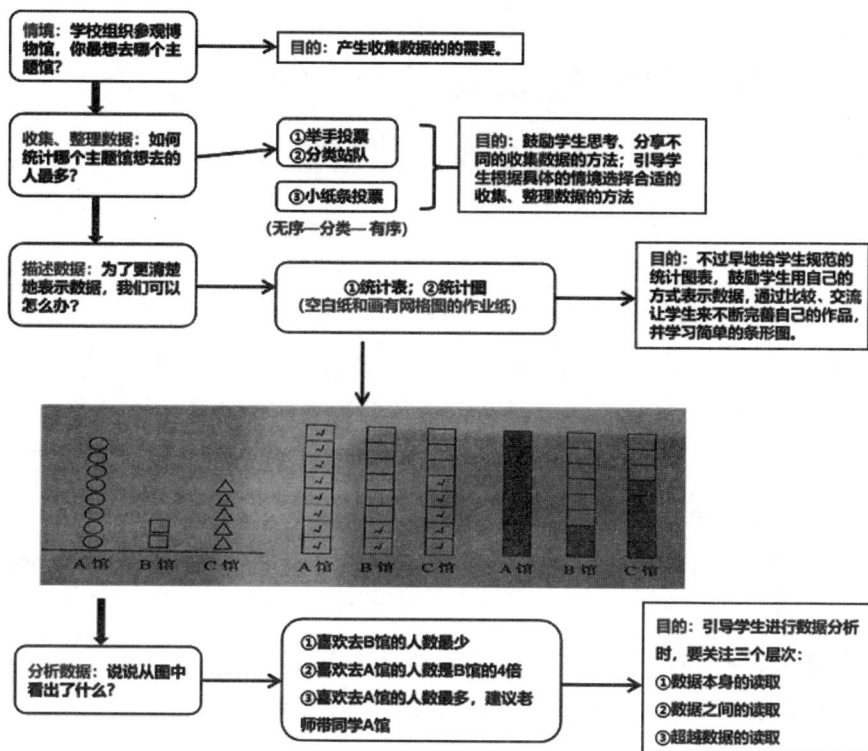

图 1 教学框架图

跨越断层，走出误区，只有深入剖析"数据分析观念"这一核心概念，才能更好地在教学中渗透统计思想。

参考文献

[1] 曹培英 . 跨越断层，走出误区——"数学课程标准"核心词的解读与实践研究 [M]. 上海：上海教育出版社，2017.3.

[2] 王永春 . 小学数学思想方法解读及教学案例 [M]. 上海：华东师范大学出版社，2017. 8.

[3] 吴正宪，刘劲苓，刘克臣 . 小学数学教学基本概念解读 [M]. 北京：教育科学出版社，2014. 9.

[4] 刘坚，孔企平，张丹 . 义务教育教科书数学二年级（下册）[M]. 北京：北京师范大学出版社，2014.

小学数学复习课如何培养学生的
深度学习思维

殷 华

摘要: 深度学习是一种教学设计思路的探索和课堂理念的变革。深度学习立足于学生对知识的整体理解和方法迁移,有助于培养学生的高阶思维。本文以北师大版二年级下册"方向与位置"复习课为例,把学生深度学习思维的发展与数学教学设计相结合,从确定学习目标、构建学习模式、明晰学习思路、设计学习评价等方面组织课堂教学,将发展学生深度学习思维落实到课堂之中。

关键词: 小学数学;深度学习;"方向与位置"复习课

作者简介: 殷华 / 广东省深圳市宝安区孝德学校教师

小学生学习数学的过程,是一种对数学知识的积累、运用和内化的过程,也是数学思维、方法和能力不断培养和强化的过程。深度学习就是在教师引领下,学生围绕着具有挑战性的学习主题,全身心地积极参与、体验成功、获得发展的有意义的学习过程。基于此,笔者以"方向与位置"复习课为例,开展将深度学习落实在小学数学教学实践中的研究,并取得了一定的教学效果。

一、小学数学深度学习下的教学方向

《义务教育数学课程标准(2011 年版)》指出,在数学课程中,应当注重发展学生的数感、符号意识、空间观念、几何直观、数据分析观念、运算能力、推理能力、模型思想、应用意识和创新意识。

其中,空间观念是学生学习数学的基本技能,是数学核心素养中不可或缺的一部分。教学中我们应通过培养抽象意识,运用想象思维、操作体验等方式培养学生的空间观念,促进学生深度学习思维品质的发展。

小学数学深度学习注重以单元核心概念为线索，把知识点的简单罗列转化为一个大的知识网络，这样既突出了核心概念的本质要求，又能体现知识点间的内在联系。

小学生学习"方向与位置"，有利于发展空间观念，同时是现实生活的一种需要。作为复习课，学习内容不是单一的知识点而是一个知识群。如果不能以明确的核心概念将单元内容统领起来，学生学起来难免会有"大珠小珠落玉盘"的感觉，知识点个个都重要，放在一起容易混，分开来又容易忘。

二、教学目标

单元学习目标的确定是深度学习教学设计的重要组成部分，学习目标是教师教学行为的方向标，深度学习将知识理解、方法迁移、思维创新三个维度作为发展学生小学数学学科素养的学习目标。

在"方向与位置"单元复习中，我们可以将学习目标设计如下：一是借助已有的生活经验来辨别方向；二是在具体情境中，已知一个方向，能辨认其余方向；三是辨认地图上不同物体的方向，突破物体方向的相对性的难点。

三、教学模式

深度学习下的"分层递进式"复习教学模式，是根据知识点的具体内容或难易程度分层递进练习。习题的类型因题而异，灵活多变且目的性强，出题顺序为先基础再拓展最后拔高。学习步骤为：揭示课题、基本练习、变式练习、开放练习。学习形式可以采取边练习、边比较、边小结的方式。这样的教学模式能够使学生的知识网络通过练习得到循序渐进地巩固和补充，有利于打造优质高效的复习课。

四、教学思路

（一）复习课第一步：明确核心概念

核心概念是课程目标的支点，是沟通课程目标与具体数学内容之间联系的桥梁与纽带。核心概念帮助教师明确学生培养目标的方向，使培养目标具有可行性和可操作性。"方向与位置"中，认识方位是形成空间观念的重要载体，东、南、西、北、东北、东南、西北、西南八个方向的认识，是生活必备常识，也是认识方位的基本内容。要解决"方向与位置"中地图上和生活中物体间的位置关系，绘制方向板是依据和纽带。因此，单元复习课将八个方向的确定定为核心概念，它就像一个工具，使得抽象的方位可以更加直观地判断。

（二）复习课第二步：拎出核心问题

深度学习的关键在于引发学生针对核心内容和探究主题产生深度思考，教师在展开教学时提出了三个需要学生深度探索与思考的问题：1.生活中的哪些经验可以帮助人们辨别方向；2.给定一个方向，怎样确定其他三个方向；3.确定观测点后，怎样辨别方向。在具体情境中，提出需要学生深度探索与思考的问题，帮助其理解核心内容的本质，提高学生的核心素养。

（三）复习课第三步：精选课堂练习

课前，教师应结合单元重难点和学生易错点，选取有代表性的习题，有针对性地帮助学生突破难点、掌握解题技巧和方法；更重要的是通过练习揭示知识间的内在联系，将散落的知识点串联起来搭建整体架构。

在选择习题时，我们可以有以下几方面的思考：

一是基于知识盲区进行基础练习。"方向与位置"相对抽象，有些知识学生无法通过想象完成，教师可以适当借助多媒体手段，将难点问题通过直观教学进一步突破。如：树木年轮的稀疏可以帮助辨别方向，但学生很少有此类生活经验，教师可以借助视频资源补充说明，以此扩充学生的知识面。

二是针对知识难点进行变式练习。在分析出学生出错率较高的习题之后，教师可精选相似的习题组展开对比练习。如："方向与位置"中的一个难点是，给定一个方向判断其余的三个方向。对此，教师可设计出一组变式题，学生经过练习总结方法：给定一个方向，我们能确定与它相对的另一个方向，根据"东、南、西、北是按顺时针方向排列的"这句口诀判断出其余两个方向。

三是进行开放练习，启发深度思维。开放练习可以帮助学生从现实性低阶思维向抽象性高阶思维推进，提高学习效率。如针对"辨认地图上不同物体的方向"这一难点，教师可引导学生分别从"同一观测点观测"和"不同观测点观测"两个角度做对比分析，学生了解到解决此类问题的关键是找准观测点并总结方法，即先定点，再辨认。

（四）复习课第四步：投其所好，促进深度学习

　　教师在展开教学时应当结合学生的年龄特点及课堂教学主题选择合适的教学方法，充分调动学生的学习兴趣，让学生能够主动参与到课堂学习过程中，只有这样才可以让学生的思维活跃起来，让不同类型的学生都能够在课堂上勇敢地表达自己的想法，从而促使个人综合能力的提升。小学阶段的学生对新鲜事物有很强的兴趣，爱玩是学生的天性，教师可以利用学生的这一特点组织各种小游戏，在游戏中融入有趣的数学知识点，这样可以进一步加深课堂教学的效果。

五、教学评价

　　深度学习提倡持续性评价。持续性评价的目的是诊断学生的学习效果，针对学生学习过程中遇到的困难，通过指导给以帮助与支持，促进学生完成学习任务。因此，教师要及时通过学生的问答、作业等反馈方式判断学生深度学习思维的发展情况，并根据反馈情况总结、改进自己的教学行为。

　　"方向与位置"的学习旨在培养学生的空间观念，让学生体验数学与现实生活的密切联系。对学习效果的评价不能仅停留在纸上，要由"现实"到"图纸"再到"现实"。因此，教师可让学生在日常生活中进行位置辨认，并利用方向板进行验证。

　　综上所述，在小学数学复习课堂上，教师要重视学生深度学习思维能力的培养，精心选择学习内容，找准核心概念和问题。灵活利用错误现象，培养学生的质疑能力，促进学生思维多样化、深层次地发展。

参考文献

[1] 马云鹏. 深度学习：走向核心素养（学科教学指南·小学数学）[M]. 北京：教育科学出版社. 2019.

[2] 中华人民共和国教育部. 义务教育数学课程标准(2011 年版)[S]. 北京：北京师范大学出版社, 2012.

基于深度教学的文本研读及教学设计

——以北师大版"什么是面积"为例

黄桂芳

摘要： 研读文本是促使教师对知识本身进行深入的研究，从而达到深度教学的有效方式。教师要读懂教材中各个内容的知识分布及联系，准确把握教学目标；要从教材简单的语言、图片中，读懂编写者的设计意图，选择合适的学习方法与素材；要通过不同版本的教材比较，理解知识的本质。"什么是面积"一课是小学数学阶段典型的概念课，对研究知识本质有重大意义，因此本文以"什么是面积"一课为例，浅谈对文本研读的几点理解，之后根据文本研读结果确定本节课目标，精选学习素材，形成教学设计。

关键词： 深度教学；文本研读；面积

作者简介： 黄桂芳 / 广东省深圳市宝安区荣根学校教师

数学核心素养提出以后，很多学校及教师纷纷对课堂教学方法进行改革尝试。但不管是何种方法，为了培养和发展学生的数学核心素养，教师都要深刻理解和把握数学学科本质，引导学生在理解的基础上，关注知识的内在联系。这也就意味着教师只有进行深度教学，促使学生深度学习，才能在真正意义上实现发展学生数学核心素养的目标。而读懂教材就是深度教学的基础，是落实培养核心素养目标的保障。只有通过文本研读，真正读懂教材，才能深度挖掘数学学科的本质，才可能创设适当的情境或活动，促成学生对知识意义的主动建构。

一、读教材的"知识联系"

为了遵循学生的身心发展规律，小学数学教材常常将同一个知识不同水平的内容以螺旋上升的形式分布在不同学段。因此，研读教材文本，首先要读懂教材中知识的分布与联系，这样才能更准确地把握本节课的教学目标。

北师大版教材在三年级上册先学习周长的概念，面积则放在三年级下册。在整个单元中，先让学生理解什么是面积，然后认识几个常用的面积单位，接着学习长方形正方形的面积计算，最后再进行面积单位的换算。通过学习，学生对"面积"这一抽象概念有了较深的理解，能为五年级学习多边形、组合图形的面积，六年级学习圆柱、圆锥等立体图形及其表面积等相关知识做好铺垫。"什么是面积"作为学生认识图形面积的起始课，是学生空间形式发展从线到面的一个飞跃，也是发展学生空间观念的一个重要节点。在此之前，学生已经掌握了长方形、正方形的特征，并且学会了计算长方形和正方形的周长，却又容易将一维的周长与二维的面积概念相混淆。"什么是面积"一课旨在让学生从生活到数学，从直观到抽象，认识并理解面积的意义，然后再通过面积单位的认识、图形面积的计算等方面进一步从度量的本质来认识面积。因此，通过梳理教材知识点之间的联系与区别，可以初步确定，本节课的重点之一就是要学生通过看、摸、涂、比等活动来形象地理解面积的意义，为后续学习奠定坚实的概念基础。同时，由于周长与面积作为几何学习中两个最基本的重要概念，常常被学生混淆，因此在本课面积概念学习后，将会安排学习活动让学生对周长与面积进行辨识，帮助学生更好地将其进行区分。

二、读教材的"图文意义"

由于教材编写篇幅的限制，小学数学教材中的知识点常常以主题图片配以简要的问题或对话来呈现。如果没有进行深入的研读，就难以发现教材中隐藏的有效信息，不能完全理解教材的编写意图，由此影响对知识点的本质的深度挖掘。

在"什么是面积"一课中，北师大版教材呈现了三幅图片，分别是两本相同大小的教科书、一大一小两个硬币以及一大一小两片形状不同的树叶，图片旁边呈现了智慧老人的一句话："物体的表面或封闭图形的大小就是它们的面积。"通过研读教材文本可以知道，教材选择这三个例子，都是和学生日常生活密切相关的实物，可以通过直接观察感觉它们的大小，并且封面、币面、叶面都是封闭的区域，符合面积概念包含的要素特征。同时，长方形的教材、圆形的硬币、不规则形状的树叶，可以让学生对"不同物体的面积"有更形象、更深刻的理解。由此可知，教材如此设计的意图，是想让学生借助已有的知识、生活经验、熟悉的生活场景，在获得感性认识的基础上，建立面积的表象，进而抽象出面积的概念。接着，教材出现一个正方形和一个长方形，让学生比一比，哪个图形的面积大，并呈现了剪拼、摆小正方形两种方法。教师在深度研读教材文本时，就要思考：剪拼和摆正方形哪个更重要？为什么要摆正方形而不是摆其他图形，摆其他图形可不可以？在这里教学要侧重的是比较大小的方法，还是通过比较大小渗透面积的本质意义？根据我们的理解以及对文本的研读，我们知道，剪拼的方法来自学生的生活经验，容易想到却难以解决大部分问题；当我们提供足够多的素材让学生动手摆一摆时，学生会发现除了正方形，三角形、圆形等图形也是可以用来比较图形大小的，但教师要非常清楚正方形具有"无缝隙""无限等形分割"等优点，也应尽量避免在教学中使用过多素材，造成学生认知混乱情况的出现。同时，根据面积的本质意义，在教学的过程中，学生动手操作的过程虽然是在比较图形的大小，但教师要明确比较的过程实际上也是在学习面积的意义，"摆""铺"的过程就是"单位累积"的过程，而单位累积的结果就是面积的大小。因此我们不仅要提供给学生操作活动的时间与空间，而且要在活动之后引导学生对摆的结果进行计数，这才是对面积更进一步的理解。

三、读不同版本的教材

现行小学数学教材有很多版本，各有优势。通过研读不同版本教材对同一个知识内容的编写，对比不同版本教材对知识本质的呈现方式以及解释说明，可以更清晰地发现数学知识的本质，有助于教师进行更深入的思考，创设更恰当的课堂活动来帮助学生学习、理解数学知识，并将其内化为学生自己的知识结构。

就"什么是面积"一课来说，对人教版和北师大版两种教材进行比较。首先，在概念引入方面，北师大版引用了教材、硬币、树叶三种不同的物体，而人教版呈现的是教室以及教室内的各种物体。虽然呈现的物体不同，但都同样从学生熟悉的生活情境引入，说明在学习面积这一抽象概念时，借助学生的生活经验，从直观到抽象的过渡是非常必要的。其次，在概念呈现方面，北师大版以智慧老人的口吻直接呈现面积的概念，而人教版则借助"课桌表面的大小就是课桌面的面积"等实例进行讲解。不管是哪种方式，都不能用学生能否"说出来"来评价其是否真正理解面积的意义，而应将概念的理解渗透在活动中。最后，在抽象图形的面积理解方面，两版教材都用一个正方形和一个长方形进行面积的大小比较。不同的是，人教版分别选用圆形、三角形、正方形三种图形作为单位来测量，侧重测量单位的统一性，以及用小正方形做面积单位的优越性；而北师大版通过重叠、剪拼、摆小正方形的方法来进行图形大小比较，侧重的是比较方法的多样性。虽然侧重不同，但是两版教材最终都指向要求学生能用"多少个正方形"来表示图形的面积，即最终目标都在于面积测量本质的理解及应用上，并为后续学习面积单位奠定基础。由此可见，不同版本的教材在最初学习"面积"这一基本概念时，都是借助生活情境来建立面积表象，让学生初步认识面积，然后通过比较面积大小的活动，让学生更深入地理解面积的意义。而理解面积的意义，最重要的不是表面文字所呈现的"定义"，而是面积的可测量的本质。

四、深度思考，设计活动

通过建构教材知识点之间的联系与区别，深入探索教材编写的意图，一字一句斟酌教材语言的含义，并对比不同版本教材，把握数学知识本质，就可以确定本节课的教学目标、重点和难点，最后还要通过整体的思考、辨析，创设合适的情境、活动来进行课堂的深度教学。只有在这个基础上，学生才有可能达到真正的深度学习，课堂才可能真正落实教学目标，发展学生的思维，培养学生的数学核心素养。

例如，在"什么是面积"一课中，虽然有了以上文本研读以及思考，最后还要整体设计：面积的意义究竟是什么？是否学生说出"某某物体的表面的大小就是它的面积"，就代表学生真正地理解了面积的含义？比较大小的活动应该怎样呈现，才能让学生既感受到比较面积大小方法的多样性，又体会到用更小的正方形测量面积的必要性及优越性？周长与面积的区别和联系怎样突破，才能让不同程度的学生有不同的收获？如何让学生感受到面积是一个数，它和长度一样可以测量？基于以上问题的思考，笔者最终形成以下教学设计（见附录），意图让学生在深度地教的课堂上，进行真正的深度学习。

文本研读，看似简单，实则需要较多的时间与精力进行思考、深度挖掘，并不容易。只有经过深度的文本研读，不断探寻教材文本研读的新的策略，充分发挥教材的功能和优势，将教材中隐含的数学知识本质以简单易懂的形式呈现给学生，才能真正做到深度地教，让学生深度地学，才能真正落实数学课程目标，培养、发展学生的数学核心素养。

参考文献

[1] 曹志国. 小学数学教材文本研读的"五个走向"[J]. 教学与管理.2017.6：31-33.

[2] 朱德江."学"与"导"应着力于学习的"关键点"[J]. 小学数学教师.2016.3：20-24.

[3] 张奠宙，孔子坤. 小学数学教材中的大道理——核心概念的理解与呈现 [M]. 上海：上海教育出版社，2018：239-253.

附　录

教学设计

一、教学目标

1. 结合实例认识面积的含义。

2. 经历比较图形大小的过程，探索比较图形大小的方法（剪拼、摆小方块等），积累比较图形面积的直接经验。

3. 在比较图形面积大小的过程中，培养学生独立思考、勇于探索的精神。

二、教学重点

1. 借助学生的已有知识、生活经验和熟悉的生活场景，在获得感性认识的基础上，建立面积的表象，抽象出面积的概念。

2. 比较两个面积图形的大小。

三、教学难点

体会图形面积大小可以用它所包含的小方块个数来表示，即可以用小正方块做"单位"测量面积，通过"数单位"用一个数来表示面的大小。

四、教学准备

上课课件、学生小组学具（一张长方形纸、两张正方形纸、剪刀、10 个小方块、1 张小方格纸）

五、教学过程

（一）线动成面，激趣引入

1. 出示两条线段，让学生发现这两条线段长短不同。

2. 出示课件动画，短的线段动起来，形成一个面，为图形 1。

让学生猜一猜：如果长的线段也动起来形成一个面，和图形 1 相比，大小怎样？

学生："比较大。"

3. 出示长线段形成的较小的面。

引导学生思考：怎么样才能比图形 1 的面大？

4. 出示长线段形成的较大的面。

适时小结：线段有长有短，就是（长度）不一样。线段运动起来会形成一个面，面也有大有小，我们就说，这些面的（面积）不一样。

板书：面积

【设计意图】从一维的长度到二维的面积，是学生空间认识上的一次飞跃。本环节通过较为灵活有趣的方式，让学生直观感受"线动成面"，同时引导学生初步感知线的长短是长度，面的大小是面积，让学生在原有经验的基础上，对面积概念有初步的想法，也为后面理解周长与面积的区别埋下伏笔。

（二）自学交流，认识面积

1. 学生知道的"面积"

让学生说一说生活中在哪里听说过"面积"？究竟什么是面积？引出本节课的主题。

板书：什么是面积

2. 出示教材中关于面积介绍的图片

让学生自学教材，先自主思考，然后同桌交流，想一想什么是面积，并举例说一说。

学生交流、回答、举例时，让学生通过手的动作摸一摸物体的"表面"，引导学生关注物体面积指的是"表面"的"大小"。

3. 出示四个图形，让学生说一说什么是图形的面积，用彩笔涂上颜色（如图1）

让学生判断最后一个图形是否有面积。

引导学生得出结论：封闭图形的大小就是面积。

总结：物体的表面或封闭图形的大小就是它们的面积。

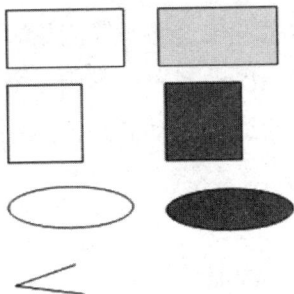

图1

出示图片，让学生思考：把一张长方形纸如图剪去一个角（如图2），它的面积和周长分别有什么变化？（面积变小了，周长不变。）

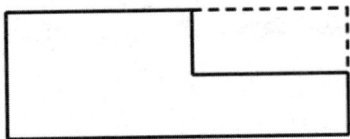

图2

引导学生辨析面积和周长没有关系。

【设计意图】本环节注重向教材学习，培养学生的自学能力，分层、分段理解面积的意义，落实目标。通过说一说、摸一摸等活动，明确面积概念中"表面""大小"两个要点，点出学生容易忽略的"封闭"要素，让学生通过实例感受生活中的"面积"。通过辨析图形的周长与面积的变化，加深学生对面积的理解以及明确面积和周长之间的区别，培养学生的观察能力、分析能力。

（三）操作探究，比较大小

教师："我们知道线段有长短，长度可以通过测量得到，并进行比较。那么，面积的大小怎么测量并比较呢？你们能用一个数来表示这些图形的面积吗？"

出示三个图形：一个长方形和两个大小非常接近的正方形。三个图形无法通过观察直接判断面积大小。

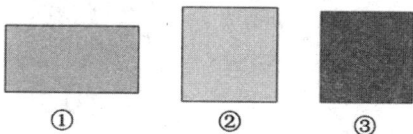

① ② ③

小组同学任选其中两个图形，借助学具，比较它们的面积大小。

教师："说一说你们是怎么表示它们的面积并进行比较的？"

小组开始活动探究。

小组汇报。

汇报一：图②和图③都是正方形，可以重叠在一起进行比较。得到图②面积比图③面积大。

汇报二：图①和图②重叠之后比较不出来，用剪拼的方法比较。最后得到图②的面积比图①的面积大。

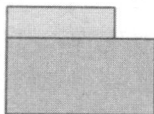

汇报三：图①和图②可以利用学具中的小正方块来摆一摆，得到图①的面积是 8 个小方块的面积，图②的面积是 9 个小方块的面积。所以图②的面积比图①的面积大。

8个小正方块的面积　　9个小正方块的面积

汇报四：图①和图③都用小正方块来摆一摆，得到图①的面积是 8 个小方块的面积，但是图③用小方块没办法铺满，只能看出比 9 个小方块小一点，具体不知道面积是多少。

汇报五：图①和图③可以利用小方格纸来摆一摆。得到图①占了98个小方格，图③占了100个小方格。也就是图①的面积是98个小方格的面积，图③的面积是100个小方格的面积。因此图③的面积比图①的面积大。

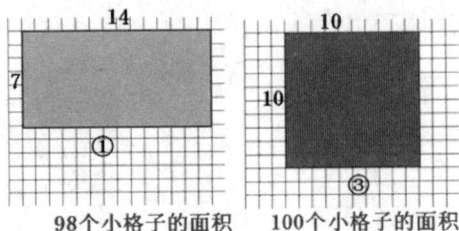

98个小格子的面积   100个小格子的面积

学生汇报时，教师注意引导学生关注用小方块或小方格的个数来表示图形面积并进行大小比较的方法，引导学生理解、总结小方格的面积就是图形的面积。

【设计意图】通过动手操作活动，培养学生的自主学习能力。比较方法的多样化与优化，将学生的活动从生活经验提升到数学经验的水平，培养学生观察、自主分析和解决问题的能力。更重要的是让学生感知图形的面积可以用小方块进行测量，可以用一个数来表示，突出了面积的本质，也为后面学习面积单位打下基础。

（四）学以致用，层层挑战

1. 下面哪个图形的面积大？学生自主思考，然后交流想法。

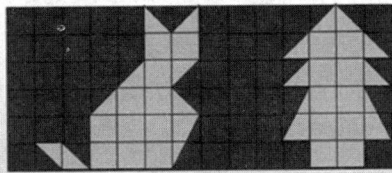

2. 在方格中画3个不同的图形，使它们的面积都等于7个方格的面积。

3. 在方格纸上画出3个周长相等、面积不相等的图形。

【设计意图】三道练习题，看似简单，实际层层递进。首先让学生利用所学知识数出图形的面积并比较，巩固本节课的重难点。接着依次画出面积相等、周长不等的图形，以及周长相等、面积不等的图形。在数一数、画一画的活动中，加深对面积意义的理解，强化面积与周长的区别，突破学生在周长与面积的理解上的难点。

"双减"背景下小学数学自主特色作业实践与探索

魏先玲

摘要:"双减"背景下,如何避免低效的、重复的、无味的作业,如何设计有趣味性的、参与感和体验感强的、能够促进学生思维发展的作业,是笔者努力探究的方向。不断创新学生作业模式,让学生"乐学""会学",探索自主性、趣味性、情境性、体验性、实践性和体验性的自主特色数学作业,是真正实现减负增效的有效途径。基于此,本文提出了自主特色作业的实践路径,即从学生立场出发,确立自主特色作业;从学科整合出发,形成自主特色作业;从数学素养出发,落实自主特色作业。

关键词:"双减";自主作业;思维导图;数学绘本;动手实践

作者简介: 魏先玲 / 广东省深圳市宝安区海港小学教师

2021年7月,中共中央办公厅、国务院办公厅印发的《关于进一步减轻义务教育阶段学生作业负担和校外培训负担的意见》明确要求"减轻义务教育阶段学生作业负担和校外培训负担"。在这样的大背景下,从国家到省、市、区、校,各级行政部门以及学校都在思考如何减轻学生的作业负担。作业在教学活动中起到巩固旧知、提升解决实际问题能力的作用。那么,在"双减"背景下,如何避免低效的、重复的、无味的作业,如何设计有趣味性的、参与感和体验感强的、能够促进学生思维发展的作业,是笔者努力探究的方向。

基于以上问题,笔者从学生的实际学情出发,依据学生的年龄特点和思维层次,结合学习内容,全面开展小学生数学自主特色作业的实践与探索,不断创新学生作业模式,让学生在课余时间"乐学""会学",关注创新,强调综合,强化学生的主体地位,真正实现减负增效。

一、从学生立场出发，确立自主特色作业

小学数学自主特色作业是指学生结合数学学习内容采用多种途径或手段独立进行或合作进行的学习任务。小学阶段学生的思维由具体形象思维向抽象思维、逻辑思维过渡。这一阶段的学生注意范围狭窄，注意力不稳定、不集中。常规的作业对于学生来说，一方面心理抵触居多，不利于后续学习；另一方面，常规作业量越多，越会削弱学生的学习兴趣。因此，布置具有特色的作业，以学生的生活经验和兴趣为出发点，借助多学科整合，以情境感知、亲身体验、参与实践、小组合作等方式让学生发挥主观愿望，想说就说，想写就写，想画就画，想摆就摆，作业形式实现多样化、个性化、快乐化、自由化，从而促进学生数学综合素养的形成与提升。

小学数学自主特色作业具备如下特征：

（一）自主性

所谓"自主性"，是相对于"被动性""机械性"和"他主性"而言的，是指学生能够根据自己的学习能力、学习任务的要求，积极主动地调整自己的学习策略和努力程度去完成作业的过程。

（二）趣味性

自主特色作业的内容要结合学生的年龄特点，具有童真、童趣，充分体现儿童的特性。

（三）情境性

自主特色作业的情境设计必须依据学生的身心特点，遵循其发展规律，利于其健康成长，情境创设宜生活化、儿童化、趣味化。

（四）体验性

自主特色作业应让学生在实际生活情景中去感受、去验证、去应用，从而激发情感，习得知识，培养能力，解决问题，变"要我学"为"我要学"，强调教育性和真实性。

（五）实践性

自主特色作业作为连接课堂与社会生活的桥梁之一，必须充分利用现实生活中的教育资源，优化学习环境，体现出教育的开放性、动态性。

实践性强调拓宽学习内容、形式与渠道，加强生活体验，将知识用于实践，用实践检验知识，实现"知识"与"实践"的相辅相成。

（六）综合性

自主特色作业不仅提倡和追求各学科的彼此关联，相互补充和相互渗透，还注重联系学生经验和生活实际，强调学科知识、社会生活和学生经验的整合，避免学科本位现象。

二、从学科整合出发，形成自主特色作业

马小海、孙自强老师在《对小学数学作业思考和改进》中指出，现在小学数学作业存在量太大、质太低、搞统一、评价少等缺点。要想转变作业模式，笔者认为应该注意以下方面：第一，作业题目人文化；第二，作业内容生活化；第三，作业选择自主化；第四，作业形式多元化、开放化。对此，应根据新课程的理念和"双减"的相关要求，确立以学生为中心的现代作业观，优化作业设计和布置，提高作业质量，有效实现增效减负。

笔者遵循学生的年龄特点、发展规律、认知结构特点等要素，鼓励学生发挥想象，根据学习内容，将美术、科学、体育、语文等学科与数学有机整合，探索并形成适合学生的思维导图、数学绘本和动手实践活动三种自主特色作业形式。

（一）思维导图架起结构

思维导图（Mind Map）是英国著名学者东尼·博赞（Tony Buzan）20 世纪 60 年代创造的一种新型笔记方法，思维导图以放射性思考为基础，是一种简单、高效的思维工具，被誉为"21 世纪全球思维工具"。博赞认为，思维导图是大脑的语言。思维导图就是帮助大家用图像和联想进行思维的工具，思维导图是终极的组织性思维工具。

借助思维导图，将零散的知识点结构化，形成一张张知识网，打通知识之间的内在联系（如图 1），有助于培养学生梳理、归纳、总结等思维品质和联想、创新的能力。

（二）数学绘本连接生活

数学来源于生活，又高于生活。通过怎样的方式，才能将数学与生活有效连接？一直是笔者在探索的课题。通过日常教学，笔者发现小学生特别喜欢图文并茂的绘本，绘本给学生带来乐趣的同时，也给学生带来了深层的思考。学生结合生活实际创编数学绘本，收集、整理、分析、运用繁杂的信

息，用于解决生活中的问题，为生活服务。数学绘本作为连通数学与生活的桥梁，符合学生的心理需求。（如图2、图3）

图 1 思维导图

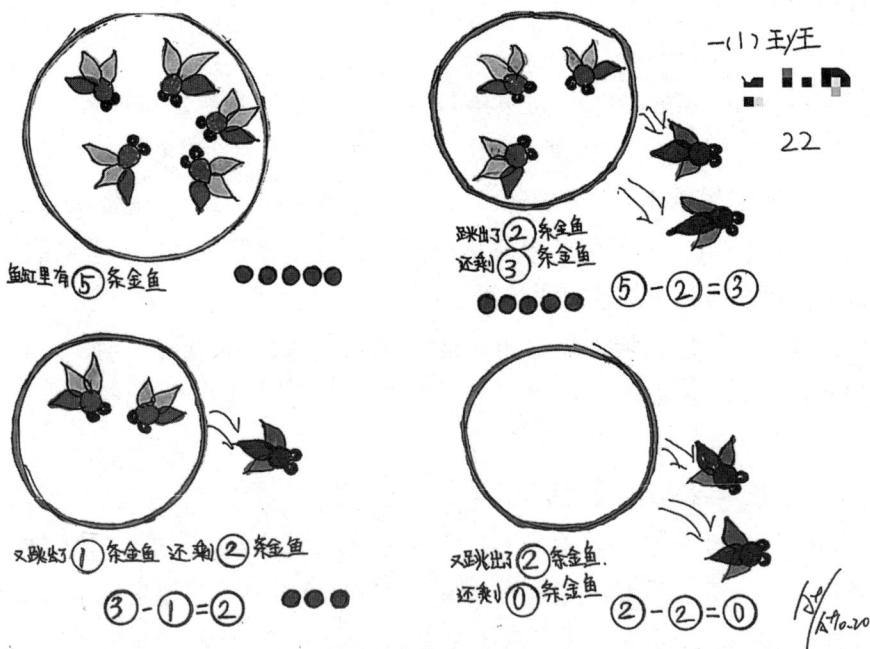

图 2 数学绘本

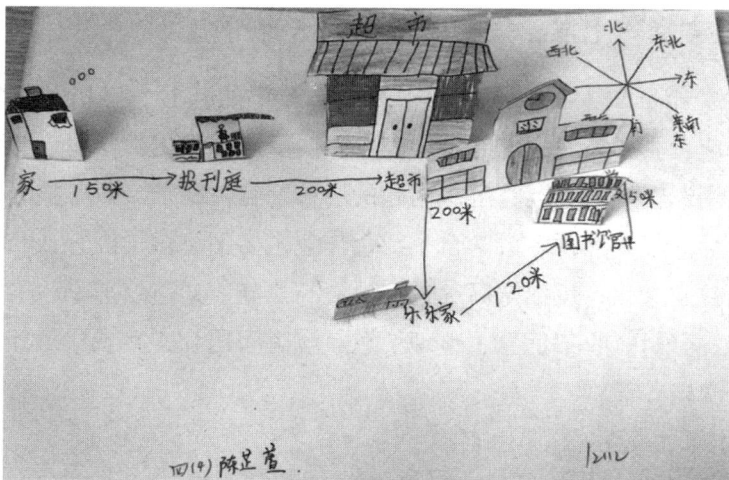

图 3 数学绘本

(三)动手实践积累经验

数学活动经验的积累是学生数学素养提高的重要标志。教学中注重结合具体的学习内容,设计有效的动手实践活动,使学生经历数学的发生、发展过程,是学生积累数学活动经验的重要途径。在动手实践活动中,教师要带领学生在做中学,学中思,思中辨,帮助学生积累丰富的活动经验,形成自己独特的体会和感悟,培养学生的思维品质,进而提升学生的数学综合素养。(如图 4)

图 4 实践活动

三、从数学素养出发，落实自主特色作业

数学素养是学生在数学活动中通过对数学的体验、感悟和反思，面对数学问题或者真实情境中的问题所表现出的能够抽象出数学概念、命题和模型，并运用逻辑推理和运算解决问题的一种综合性特征。数学核心素养是数学课程目标的集中体现。数学自主特色作业主要围绕教学内容或与之相关数学知识、数学文化、生活实际等进行设计与实施，通过培养学生的观察、判断、归纳、分析、收集信息、整理信息、解决问题和实践操作等能力来提升学生的数学核心素养。

（一）思维导图

1. 制作思维导图

当完成一个模块或一个单元的学习内容后，可引领学生运用思维导图将学过的知识进行有效的梳理、分类、重组，有层次、有条理地建构知识网络，制作成一张张富有童趣的思维导图。在制作的过程，学生感受到了数学思维的魅力，从中体会到了学习数学的乐趣。例如：二年级在学了"数一数与乘法"这一单元后，通过对单元内容进行有序整理，促进了知识的系统化，有助于学生进一步内化加法与乘法的联系，明了乘法的意义，从而建立一个有效的、生长的知识系统（如图5）。这样的作业方式要比让学生干巴巴地去写一些算式题有趣得多，并且学生的思维能力也得到了一定的训练和提升。

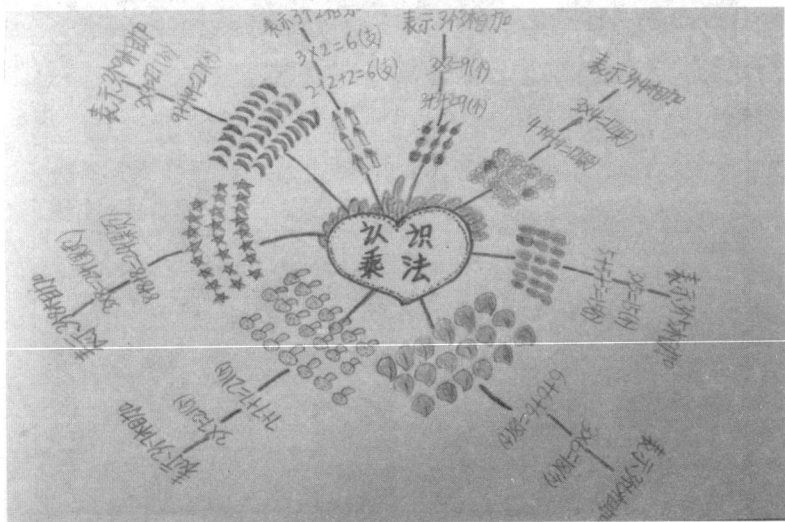

图 5　知识系统

2.分享思维导图

对于学生已经完成的思维导图，笔者利用早、午读的时间，请学生把自己的思维导图与同学们一起分享：讲解自己是分几个层次来做的，每个层次有哪些内容，自己是怎样布局的，怎样设计内容的。每一个学生都有自己的优点，笔者要为学生的成长创造属于他们的舞台，让他们找回属于自己的自信，感受学习的成就感和荣誉感。

（二）数学绘本

1.制作数学绘本

学生把学过的知识用图画的形式表现出来，画里既有数学信息、数学问题，又包含了学生对生活的态度。例如：二年级学到"买文具"（认识人民币）一课时，引导学生去附近的超市逛一逛。学生兴趣很浓，在超市里，查看物品的价钱，然后又细心地用图画表现出来，并将人民币学具粘贴到数学绘本里。在这个过程中，学生把学到的知识与生活联系在一起，巩固了所学知识，同时学生是在快乐的学习情绪下去完成这项任务的，既收获快乐又收获知识，这比让他们去做人民币的换算题有趣得多，意义也大得多。

2.趣用数学绘本

最近几年，绘本阅读活动在学生中广泛流行，学生不仅喜欢阅读语文绘本，而且喜欢阅读数学绘本。笔者结合相关教学内容，利用每周的数学午读时间，让学生共读相关数学绘本，主要学习方式有：故事朗诵、故事演绎等。学生通过朗诵、演绎、观摩等不同的方式，加深印象，开阔了眼界，受益匪浅。

（三）开展动手实践活动

小学生的天性就是喜欢动，尤其是低年级的学生更喜欢动。美国教育家杜威曾提出"从做中学"，他认为"从做中学"也就是"从活动中学""从经验中学"，使学校里知识的获得与生活过程中的活动联系起来。例如：四年级学到"线与角"这一单元时，笔者引导学生以小组为单位到广阔的操场上去找角、去量角，并记录自己的观察和发现。这一活动，既让学生感受到角就在身边，与生活息息相关，又使学生在测量的过程中，感受到角度的实质就是1度角的累加，进一步体会量角的本质。

综上所述，在"双减"大背景下，有趣的、自主的、学生参与性高、体验性强、指向培养学生核心素养的多元化和开放性的小学数学自主特色作业，有效地实现了减负增效。对于小学数学自主特色作业，笔者希望未来不断对其改进完善，与其他学科更好、更多、更融洽地结合起来，形成一个更加完善的特色作业体系。

参考文献

[1] 马小海，孙自强. 对小学数学作业思考和改进 [J]. 小学教学参考，2013（11）.

[2] 东尼·博赞. 思维导图 [M]. 北京：化学工业出版社，2015.

[3] 中华人民共和国教育部制定. 义务教育数学课程标准（2011 年版）[S]. 北京：北京师范大学出版社，2012.

[4] 王永春. 小学数学核心素养教学论 [M]. 上海：华东师范大学出版社，2019.

从提升学习能力角度浅谈
小学数学单元整体教学

江建珍

摘要:《义务教育数学课程标准（2011 年版）》中指出:"数学知识的教学，要注重知识的生长点与延伸点，要引导学生感受数学的整体性。"单元整体教学充分发挥了数学知识之间的整体性，使学生在数学知识学习和理解的过程中，能够自主实现知识间的关联。本文将以提升学习能力作为切入点，在单元整体教学设计时整体把握教学内容，在单元整体教学中应用"迁移"，在单元"回顾与整理"中设计问题串，以此提高单元整体教学水平。

关键词: 学习能力；单元整体教学；迁移

作者简介: 江建珍 / 广东省深圳市宝安区天骄小学教师

小学数学教学存在的问题有:（1）现阶段小学数学课堂教学模式过于单一，教学内容往往处于割裂状态，教师过于注重学生对于应试教育下重点知识的学习和技巧的练习，忽略了基础数学知识的教学和学生数学知识体系的构建，数学学科教学的有效性和系统性不够强。（2）小学阶段的学生基础知识比较薄弱，单元整体教学则对小学生的学习素养和学习能力提出了更高的要求。学习能力是完成某种学习活动所需的知识和智力在实际运用中的具体体现。这种学习能力虽然不是先天就有的，但仍是以知识和智力为基础，是知识、智力和实践的结果，学习能力的范围广泛，归纳起来主要包括感知力、记忆力、思维力、想象力等等。下面，笔者将结合平时教学中的实例，从提升学生学习能力角度谈谈小学数学单元整体教学。

一、在单元设计中整体把握教学内容，提升学习能力

数学是逻辑性和系统性很强的学科。要使学生始终保持浓厚的学习兴趣，并主动地构建和完善自己的认知结构和思维方式，教师就必须依据教学内容之间的关联进行教学。如何使学生整体把握这些内容之间的关系，并积

极地进入具体内容的学习呢？教师可以先引导学生整体感悟数学知识的背景框架，在整体感悟的基础上，学习背景框架中的局部知识。例如在学习"小数的初步认识"之前，要做一个"整数与小数的知识的比较"的梳理，从数的认识角度看小数的认识。学生是学完整数之后才开始学习小数，在对数的理解上不可避免地会将对整数的一些认识迁移到对小数的认识上。比如，相邻单位之间的进率都是 10，这是正迁移。但小数的结构比整数的结构更加复杂，因此，教师要明确学生在小数单元的整体学习中会受整数的哪些负迁移的影响。例如在"小数的初步认识"教学活动设计时，教师需要借助一些情境，帮助学生正确理解小数学习与整数学习既有相同点，又有很多不同之处，应该抓住学生的易错点和困难点来落实教学目标。本节课一共设计了两个活动：设计活动一：钢笔的售价为 3 元 6 角 5 分，你能用"元"为单位写出它的单价吗？学生可能会写出"3.6.5""3.65""36.5"，让学生体会一个小小的"点"的作用；设计活动二：文具盒的售价为 30 元 2 角 5，信封的售价为 2 角 3 分，卷笔刀的售价为 5 元 6 分，你能以"元"为单位写出它们的单价吗？帮助学生根据元、角、分模型理解小数的具体意义，避免了整数对小数认识的负迁移。这样，在整体把握数学知识本质的同时，提升学生的学习能力。

二、在单元整体教学中应用"学法迁移"，提升学习能力

教师可以将数学教学划分为两个阶段：第一阶段为引导学生建立知识结构，第二阶段为教学生应用知识。第二阶段可以采取迁移的方式，让学生将已经掌握的技巧以及方法迁移到其他相似的知识中去。在北师大版四年级上册第四单元"乘法分配律"教学中，笔者先"创设情境"引入，设计简单的计算厨房和书房瓷砖数量的情境，学生通过写算式和讨论交流两组算式——$4 \times 8 + 6 \times 8$、$(4+6) \times 8$ 及 $11 \times 4 + 9 \times 4$、$(11+9) \times 4$，明确每一步求的是什么，解释"合并算""分开算"，进而理解乘法分配律的意义，紧接着通过画图和举生活实例等方式解释和验证乘法分配律。当学生理解了"乘法对加法的分配律"后，激发学生继续研究"乘法对减法的分配律"和研究"除法对加法的分配律"，实现从一个问题的研究迁移到一类问题的研究，提升了学生的思维能力。

再以北师大版五年级上册第四单元"平行四边形的面积"为例，此单元

教材一共安排了"比较图形的面积""平行四边形的面积""三角形的面积"和"梯形的面积"四部分内容。"平行四边形的面积"是在学生已经掌握长方形面积计算方法与平行四边形特征的基础上进行教学的。学生通过剪、移、拼后，教师有意识地引导学生观察、分析、比较转化后的长方形与原来的平行四边形之的关系，借助多媒体课件，让学生初步感知等积转化的思想方法，将平行四边形转化成熟悉的长方形。后续引导学生将转化的方法迁移到求三角形的面积中，把两个完全一样的三角形拼成一个平行四边形或长方形来推导三角形的面积计算公式，促使学生理解三角形面积公式的本质。在经历了平行四边形和三角形面积公式的探索过程之后，学生对"转化"思想已有较深的体验，也积累了一些转化的经验（剪、移、拼），因此，教师可以大胆放手让学生自主探究梯形面积公式的推导，应用学法迁移，促进学生主动思考，真正提升学生的学习能力。

三、在单元回顾与整理中，设计问题串，提升学习能力

数学知识之间是有衔接的，许多新知识是旧知识的延伸与发展，可在新旧知识的衔接中，设计一些问题串，让学生参与思考。尤其是在单元回顾与整理中设计好问题，对学生而言，既整理了知识，又提升了学习能力。例如在学完北师大版"更大数的认识"后，笔者组织学生回顾与整理"自然数的认识"这一单元，设计了这样的问题串：

问题 1："在一年级，你通过什么方式认识 10、20、100 以内的数呢？在计数器上拨 222，这三个数字'2'表示的意义一样吗？"设计的意图就是激发学生的回忆和思考，10 以内的数是通过数实物一个一个地计数认识的，20 以内的数学生开始以"十"为计算单位进行计数，由原来的 10 个一组成 1 个十，原来的 10 个十组成 1 个百，形成十进制，并通过同一个数字在不同的位置所表示的意义不同来初步感知"位值"。

问题 2："在二年级，你通过什么方式认识万以内的数呢？"设计的意图就是激发学生回顾用计数器和数位顺序表帮助理解十进制和位值制，认识新的计数单位"千"和"万"，进一步用"十、百、千、万"来计数。

问题 3："在四年级，你通过什么方式认识比万更大的数？九百九十九万九千九百九十九后面的数怎样读？"设计的意图是激发学生回顾数位顺序

表，认识新的计数单位"十万""百万""千万"，并会运用分级来表示大数，让学生进一步理解数的十进制和位值含义。只有认识了自然数的概念，才能真正将自然数的概念应用到运算中去，并在运算中深入理解数的概念。

在单元整体教学中，关注数学知识之间的联系，从知识的内在结构出发，通过多种方式将知识关联起来，帮助学生建构知识结构，加强学习方法的迁移，丰富学生数学思想和方法，既培养了学生学习数学的兴趣，又提升了学生的学习能力。

参考文献

[1] 张文博 . 从提升学习能力角度谈小学数学单元整体教学 [J]. 新课程，2021（10）：194.

[2] 郭立军 . 整体把握与单元教学研究—以小学数学"数与代数"领域为例 [M]. 北京：北京师范大学出版社，2017.

[3] 展淑萍 . 基于深度学习的小学中高年级数学单元整体设计 [J]. 教育界，2021（6）：40-41.

小学中高年级学生几何直观素养培养的策略研究

王文娜

摘要： 随着新课程改革的不断推进，几何直观素养的重要性越来越凸显，这一核心素养逐渐显示出重大的研究意义。几何直观素养的培养与基础知识的学习是相辅相成的，如何有助于学生更好地掌握数学知识，同时也能够促进学生养成良好的数学思维，在一定程度上有效提高学生的数学学习水平。因此，本文在对培养中高年级学生的几何直观素养的积极意义进行探究的基础上，从创设教学情境、转化解题思路、培养作图能力等方面，提出了培养几何直观素养的策略，期望能为培养中高年级学生几何直观素养的教学方向提供有益借鉴。

关键词： 小学；中高年级；几何直观素养

作者简介： 王文娜／广东省深圳市宝安区宝安中学集团（实验学校）教师

一、相关概念概述

几何直观是一种借助图形直观地感知数学本质、把握数学关系的解题手段，是思维可视化的有效途径，能帮助学生提升解题能力、培育创新思维。几何直观素养则是指学生拥有的能够借助几何直观建立起自身与外界的联系，进而产生自我体验的一种数学素养，主要包括直观观察力、空间想象力，等等。培养小学中高年级学生的几何直观素养，能够帮助他们展开丰富的联想，使抽象的概念和问题可视化，使复杂的逻辑问题简洁化、明了化，可以让学生更轻松地了解和掌握一些较为复杂的数学概念，同时学生也可以根据数学中的一些公式和定理来更快速地解决学习过程中遇到的数学问题。

二、培养小学中高年级学生几何直观素养的积极意义

相较于低年级的学生而言，进入中高年级的学生具备了更多的学习经验，因此在教学内容的设置上，应对该学习阶段学生的数学思维能力提出更

高的要求。但是，学生在面对较为复杂的数学问题时，往往会显得无所适从，导致这一现象出现的原因主要是在教学当中缺少直观形象的教学手段。因此，培养中高年级学生的几何直观素养具有重要的现实意义。

（一）培养学生的创造性思维

思维方式主要包括形象思维和逻辑思维两种。按照人的思维发展规律，逻辑思维是在形象思维的基础上发展起来的，形象思维的建构越丰富、越全面，逻辑思维的建构就越轻松，也会建构得越严谨。

数学的发展离不开创造性的思考，数学活动中也同样共存着逻辑性的思考和形象性的思考。从认知发展的层面看，学生的年龄较小，还处于形象思维阶段，对于他们而言，大多数的单词和数字都是没有实际意义的，所以他们更喜欢形象化的教学形式。可见，几何直观教学在小学教育中具有至关重要的作用。在教授数学知识时，如果教师只是填鸭式地教授学生枯燥难懂的数学知识，学生对于数学学习的兴趣就会大幅度降低。但如果用图像或物体对知识进行呈现，在游戏中对学生进行引导，将抽象的问题具体化，就可以有效地培养学生自主创新的开放性思维能力，进而提升学生的学习兴趣和热情。

（二）帮助学生理解数学问题

在我们最开始接触这个世界的时候，就是通过图形、图片或者动态的物体来对事物进行认知的。同理，在接触一个新学科以及接触学科中的新知识时，我们也可以通过这种对我们而言已经十分熟练的方式进行理解和掌握。由于数学具有丰富性和抽象性的特点，所以运用图形、实物等来直观地描述数学问题，可以在更大程度上激发学生的思考，帮助学生自主分析和解决问题。例如，我们可以运用线段、矩形、圆形来理解分数的实际意义，也可以在动手折一折、叠一叠、画一画中了解轴对称图形的定义及特点，还可以通过数轴来理解小数的含义……

因此，无论是在何种阶段的数学学习中，几何直观都能够为人们解决问题指明正确的方向，这也更加凸显出了几何直观所具有的重要作用。

（三）引导学生感受数学之美

很多数学家对于"数学美"都有一个共鸣：数学的美是无法用语言来表达的，在我们的日常生活当中，随处可以见到各种类型的与数学有关的美。

数学的几何图形可以勾勒出美丽的画面，比如公园、马路边栽种的树木具有对称美，广场上的地砖和墙上的瓷砖也可以通过镶嵌和密铺给人带来视觉上的美的感受；几何的定理公式可以让我们发现严谨的逻辑美，如可借助三角形计算 1+2+3+4+……。所以，几何直观不仅有助于学生解决学习当中遇到的问题，而且能够帮助学生发现生活当中的"美"，有效提高他们的审美能力。

三、培养中高年级学生几何直观素养的策略

要想提高小学中高年级学生的几何直观能力，需要掌握一定的数学方法，笔者认为可以从以下方面入手：

（一）注重教学情境的创设

小学生对于"概念"的理解其实是比较模糊的，再加上数学概念往往具有抽象性、概括性的特点，所以在实际的教学和学习的过程当中，很大一部分学生往往只是对教材、课堂上的一些数学概念进行了机械性的记忆，对于这些概念的本质却并不了解，这对于学生的数学学习是非常不利的。小学阶段的数学知识在编排时，严格遵循了学生的心理发展特点，比如：由"线段"到"射线"再到"直线"是从有限到无限的过程；由"角的认识"到"行程问题"是从图形的"不动"到"动"的过程；从"多边形的认识"到"常见立体图形的认识"是从平面二维到立体三维的过程。因此，在教学相关内容的时候，教师应当通过创设几何情境来引发学生的认知冲突，灵活选用在学生认知范围内的实物、图片、几何图案导入新课，帮助学生进行直观感知，激起他们的好奇心和求知欲，使他们可以通过自身对于几何的理解来积极主动地汲取新的知识，并从中获取积极的情感体验。亲历这样的一个过程之后，学生不仅能够学到新的知识、提升自己的学习能力，而且能够在课后灵活地运用数学的眼光去发现问题，能用数学的语言来表达他们在学习上的发现，由此初步达成当前数学课程和教学改革所努力追求的目标。

（二）注重学生解题思维的转化

要想解决问题首先就得拥有能够将问题描述出来，并且能够在头脑中建立起明确、清晰的解题思路的能力。但是在实际的教学过程中，部分学生即使在读题的过程中能够理解题意，却无法根据题目要求对问题进行解答。因此，教师在上课过程中，可以利用电子媒介制作立体图形的动态演示过程，

让学生直观地感受到图形从平面到立体的转化，从而加深学生对图形的认识和理解，比如利用多媒体展示点、线、面变化，包括旋转、平移，将立体图形转化为平面图形；还可以让学生多多观察现实生活中的几何图形，拓展学生的解题思维，做到数学与生活相结合，比如借助粉笔盒讲解正方体各面的对应关系，以黑板为例讲解长方形的位置和性质等。在实际的教学过程中，还可能会有部分学生在规律题的处理上出现问题，对于这种情况，教师可以简单讲授一些规律题的解题模式或者经常运用的方法，让学生通过对相关题目的仿写，加深对这类题型的理解，做到由一推多。

（三）注重学生作图能力的培养

在日常教学中，教师需要加强对学生作图能力的培养。比如适当增加没有给出完整图形的题目，让学生先动手完成绘制，教师再进行详细的讲解。在进行图像还原的过程中，可以先让学生根据题目要求画一画，再让学生将自己画的图形和老师给出的答案进行比较，以此来加深他们对课堂学习内容的印象。再比如，在进行分数和百分数学习的时候，可以通过画扇形图、格子图、点子图、线段图等方式在直观与抽象之间架设一座桥梁，让学生在动手的过程中发现数量之间的关系，从而对分数、百分数的概念有一个更加深入的理解。上述教学方法都有利于培养学生的逻辑思维能力以及分析推理能力，同时还能够培养学生主动运用几何直观分析问题的意识，使得学生在之后的学习过程中遇到同类问题时会主动地思考，找出解决办法，进而增强学习数学的自信。

（四）注重几何直观在计算教学中的运用

几何直观在计算教学中的应用非常重要，教师要注重培养学生独立、主动地探究数学规律、得出结论的学习意识，课堂教学中应当经历"观察—猜想—验证—结论—应用"这一过程，教学的重点和关键是引导学生利用几何直观发现规律。以乘法分配律这一知识点的教学为例，乘法分配律既有乘法运算又有加法运算，这对于学生的理解来说是比较困难的。所以在乘法分配律的实际教学过程中，应通过各种形式的观察、比较和总结来理解乘法分配律的公式，同时鼓励学生踊跃提出猜想，并尝试用实例加以验证。比如，教师可以展示三个不同层次的情景，从"画图表示图中的数学信息再列式计算"到"画图表示图中的数学信息并列式计算"再到"通过画图创造出和已知算式相等的算式"，让学生通过自己动手操作、画图，来真正感受两个算式的相等关系。而后让学生在发现的基础上，将规律用数学公式抽象地表示出来，并最终归纳总结成乘法分配律。这样的教学一方面有助于学生理解乘法的运算规律，另一方面也通过"数"与"形"的转化让学生直观地感受几何直观在证明数学定理中的应用。

（四）注重教师几何直观教学能力的提升

数学课堂上教师的教与学生的学具有同样重要的作用和意义，因此几何直观能力的培养不应当仅仅针对学生，还应当针对教师，只有教师充分理解了几何直观的概念和内涵，才能带着学生不断进步。目前，绝大部分教师已经意识到了几何直观的重要性，但还有一部分教师对几何直观的内涵把握不准确，容易将几何直观同数形结合和空间观念混为一谈。因此，教师应当加强对几何直观的概念的学习和对几何直观应用的研究，不断提高自身的教学水平；深入挖掘教材内容，自主创新课堂教学，不断创新教育理念和方法，积极引导学生用几何直观方式（画图、动手操作）进行解题；同时，在教学中还要注意不同年龄、不同阶段的学生之间的差异，善于发现整个班级的共性，并针对这些特点巧妙地导入新课，让每个学生都能够全身心地参与到课堂学习中。

四、结论

几何直观是一种非常高效的教学方法，对于学生的数学学习来说，几何直观能够在很大程度上提高学生的数学学习水平。因此，作为教师，我们必须重视对于学生的几何直观素养的培养和提升，同时加强自身对几何直观的概念的学习，通过深入挖掘教材内容、更新教育理念、创新教学手段来提高学生理解抽象的数学概念、解决抽象的数学问题的能力，从而促进学生数学水平的提高。

教材研究篇

"乘法分配律"中日教材比较研究

——以冀教版和东京版为例

柯　媛

摘要: 围绕"乘法分配律"这一内容,选取中国"冀教版"与日本"东京版"两个版本的教材进行比较研究。研究结果表明:两个版本教材呈现的知识点基本一致,但在引入教学采用的情境、问题解决采用的方法、揭示概念的具体过程、拓展应用呈现的习题等方面存在一定的差异。通过比较分析,得到教学启示:内容处理精细化,降低认知难度;思维过程严密化,丰富知识理解;知识拓展适度化,完善认知结构。

关键词: 中日教材比较;乘法分配律;情境;表征

作者简介: 柯媛 / 广东省深圳市宝安区海裕小学教师

"乘法分配律"是一个重要的运算律,在各国的小学数学教学中,都是重要的内容之一。但因历史文化不同、教育价值取向不同,在不同国家、不同地区,同样的数学教学内容在编排与呈现方式上不尽相同。中国和日本虽同属于亚洲文化圈,在教材编写方面有很多相似之处,但具体到某一内容时也会呈现出各自不同的特征。本文围绕"乘法分配律"这一内容,选取 2013 年教育部审定的河北教育出版社出版的小学数学教材(以下简称"冀教版教材")和 2017 年日本东京书籍株式会社出版的《新算数》(以下简称"东京版教材")进行比较研究。

一、教材异同比较

两个版本教材中"乘法分配律"的编写体例基本相同,大致按情境引入问题、介绍问题解决过程、归纳概括运算定律、拓展应用练习四个步骤呈现。

(一)引入情境的比较

1.教材内容呈现(见图 1、图 2)

图1 冀教版教材的问题情境

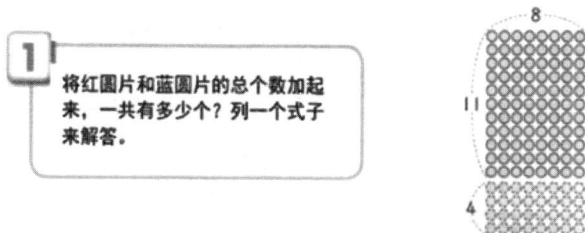

图2 东京版教材的问题情境（上红下蓝）

（注：东京版教材中的文字部分已经做了翻译，排版等其他内容与原版一致，下同）

2. 相同与不同

从两个情境中，我们可以看到，两个版本教材都是用图文结合的方式呈现了一个可以用两种不同的方法解决问题的情境，但它们也有各自的特点：

（1）情境的性质不同

冀教版教材创设的情境属于现实生活情境，呈现的图片是屏风的实物图。而东京版教材创设的情境则是纯数学情境，呈现的图片是一幅由"多个圆形"组成的图。

（2）条件的呈现方式不同

两个版本教材中呈现的问题都可以看成由条件与问句组成。冀教版教材提供的问题中，条件完全是由实物图给出的，东京版教材则在实物图旁边标注了问题解决所需的数据。

（3）问题解决的要求不同

虽然两个版本教材都要求学生求总数，但在列式的要求上有所不同。东京版教材在列式上要求"用一个式子来解答"，即要求列出综合算式，而冀教版教材没有这样的要求。

（二）解题方法的比较

1. 教材内容呈现（见图3、图4）

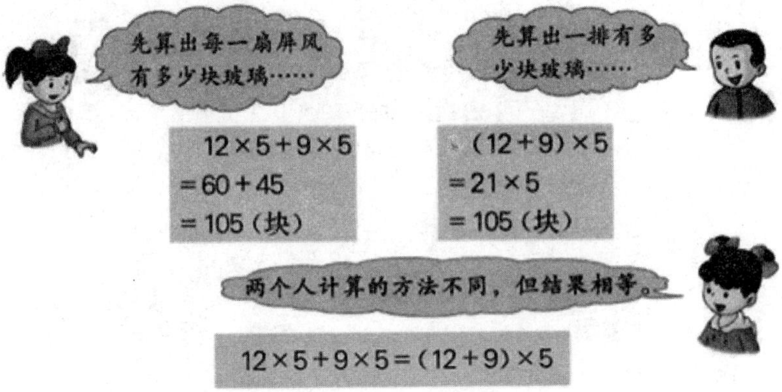

先算出每一扇屏风有多少块玻璃……

$$12 \times 5 + 9 \times 5$$
$$= 60 + 45$$
$$= 105（块）$$

先算出一排有多少块玻璃……

$$(12 + 9) \times 5$$
$$= 21 \times 5$$
$$= 105（块）$$

两个人计算的方法不同，但结果相等。

$$12 \times 5 + 9 \times 5 = (12 + 9) \times 5$$

图3　冀教版教材的解题方法

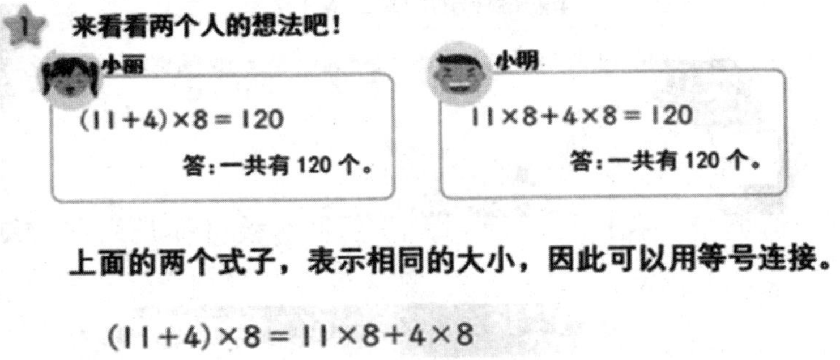

来看看两个人的想法吧！

小丽
$$(11 + 4) \times 8 = 120$$
答：一共有120个。

小明
$$11 \times 8 + 4 \times 8 = 120$$
答：一共有120个。

上面的两个式子，表示相同的大小，因此可以用等号连接。

$$(11 + 4) \times 8 = 11 \times 8 + 4 \times 8$$

图4　东京版教材的解题方法

2. 相同与不同

两个版本教材中解题方法的数量是一样的，冀教版教材并列呈现了两种不同的解题方法，最后形成了一个等式。东京版教材也是呈现了两个算式和一个等式。但两个版本教材也有不同之处：

（1）得到等式的方法不同

冀教版教材采用"半扶半放"的方式，通过图中人物的思考帮助学生逐步得出等式，为学生和教师使用教材给出了提示，而东京版教材不加任何提示，直接出示两个人的算法。

（2）等式的呈现方式不同

两个版本教材中等式的表达方向是相反的。东京版教材中"两个数的和与一个数相乘"在左边，"两积之和"在右边，而冀教版教材则正好相反。

（三）概念揭示的比较

1.教材内容呈现（见图5、图6）

图 5　冀教版教材的概念呈现

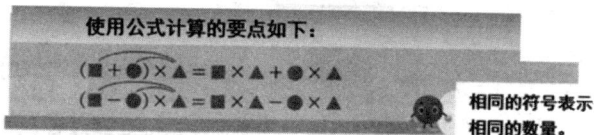

图 6　东京版教材的概念呈现

2. 相同与不同

两个版本的教材都用不完全归纳的思路得到"乘法分配律"字母或者符号的表达方式，但在具体的表征、呈现形式上有所区别：

（1）冀教版教材在呈现乘法分配律的字母表示式以前，除了例题之外，又给出了两组算式，让学生计算、观察并发现规律。而东京版教材在呈现分配律的符号表达式之前没有再给出具体的算式。

（2）冀教版教材只呈现了乘法对加法分配律的字母表示式，没有呈现乘法对减法的分配律。东京版教材不但用符号呈现乘法对加法的分配律，而且呈现了乘法对减法的分配律。

（3）冀教版教材在给出字母表示式后，没有再让学生进行验证。东京版教材在给出符号表示式后，再让学生用具体数进行验证。

（4）冀教版教材给出了"这叫作乘法分配律"的名称。而东京版没有给出乘法分配律的名字，也就是读东京版教材的学生并不会使用"乘法分配律"这个概念。

（四）拓展应用的比较

1.教材内容呈现（见图7、图8）

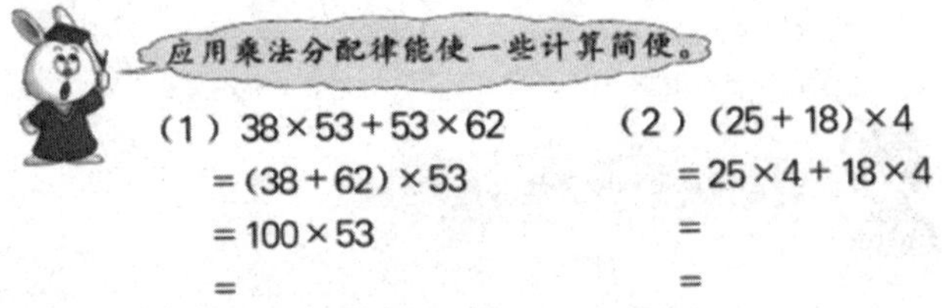

应用乘法分配律能使一些计算简便。

（1）$38 \times 53 + 53 \times 62$　　　（2）$(25 + 18) \times 4$
$= (38 + 62) \times 53$　　　　　　　$= 25 \times 4 + 18 \times 4$
$= 100 \times 53$　　　　　　　　　　$=$
$=$　　　　　　　　　　　　　　　$=$

图7　冀教版教材的知识应用

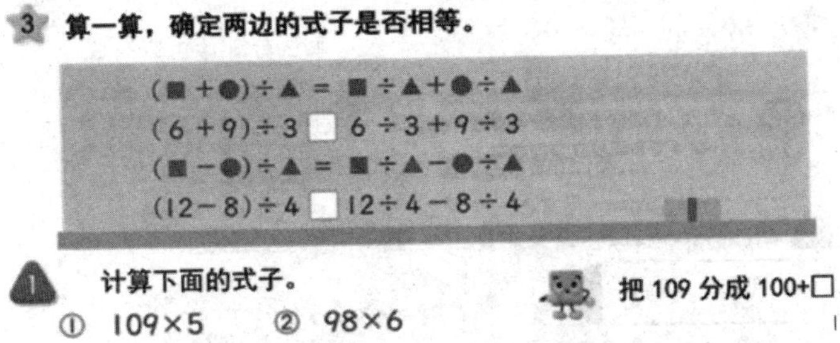

3　算一算，确定两边的式子是否相等。

$(■ + ●) \div ▲ = ■ \div ▲ + ● \div ▲$
$(6 + 9) \div 3 \ \square \ 6 \div 3 + 9 \div 3$
$(■ - ●) \div ▲ = ■ \div ▲ - ● \div ▲$
$(12 - 8) \div 4 \ \square \ 12 \div 4 - 8 \div 4$

1　计算下面的式子。　　　　　　　　　把109分成100+□
① 109×5　　② 98×6

图8　东京版教材的知识拓展和应用

2.相同与不同

两个版本教材都设计了应用"乘法分配律"进行简便计算的环节，并且分别给出了两道题目来探究其用法，但拓展的宽度与习题的难度有所不同：

（1）知识拓展不同

冀教版教材在揭示概念之后直接过渡到应用环节，没有进行任何的拓展。而东京版教材在归纳出乘法对加减法的分配律之后，进一步让学生通过观察和计算发现除法对加减法也有分配律。

（2）练习题难度不同

在得到乘法分配律后，两个版本教材都安排了可以简便计算的练习题，但是难度系数不同。经比较，东京版教材中的习题难度大于冀教版教材。

二、分析与启示

（一）内容处理精细化，降低认知难度

在引入情境时，冀教版教材要求学生求出"两扇屏风一共有多少块玻

璃"这样的现实生活中的问题,而东京版教材则创设了求"红、蓝两种圆片总个数"这一纯数学情境,它与现实生活没有直接的联系,呈现的图片数学味较浓。此外,东京版教材在给出的图中,不但清晰地画着红圆片每行是8个,有11行,蓝圆片每行的个数与红圆片相同,蓝圆片有4行,而且清楚地标注出了"8""11"与"4"这样的信息,为了解决问题,学生可以直接使用这些条件,而不需要自己去寻找。

为了解决冀教版教材提出的问题,学生需要自己在实物图中寻找"每一块屏风中一行有几块玻璃、有几行"这样的隐蔽条件,也就是需要去数玻璃块数,进而确定解决问题的条件。看上去数数对于四年级学生来说并不困难,但实际上在教材呈现的"立体"屏风中,要数准确是有难度的,特别是一些粗心的学生出错率会很高。这样就导致列出的算式不同,不利于比较乘法算式的结构,不利于归纳出乘法分配律。

东京版教材在呈现例题时,在求"红、蓝圆片一共有几个"的直观图中,直接给出了"每行有几个,一共有几行"这样的数据。这一精细化处理会使学生更聚焦于得出算式和比较算式,从而发现规律。同时,东京版教材在列式时要求学生必须列出综合算式。如果学生列出 $11 \times 8 = 88$、$4 \times 8 = 32$ 这样两个算式,就不符合题目的要求,只有列出 $11 \times 8 + 4 \times 8$ 或 $(11+4) \times 8$ 这样的综合算式,才符合要求。这种列式方式容易得到 $(11+4) \times 8 = 11 \times 8 + 4 \times 8$ 这个有利于用于比较的等式,从而方便归纳出乘法分配律。如此一来,就将学生的关注点集中到"列出算式、观察算式的结构和两个算式的比较"中来。这样的设计值得我们借鉴。

需要注意的是,东京版教材的符号表征还呈现了短弧线提示,这样的表征有利于学生理解乘法分配律的算式结构,便于学生感悟乘法分配律的不同变式,而冀教版教材中没有这样的精细设计。

在教学中,教师应注重精细化处理教学内容,多给学生"搭梯子",在非必要的地方降低学生的认知难度,让学生在解决问题的过程中"少走弯路",在学习上获得成就感。

(二)思维过程严密化,丰富知识理解

东京版教材的活动设计"特别关注数学学习的思维线索,强调概念之间的关联以及多元表征,体现对知识内容的逻辑展开和丰富理解"。

东京版教材在情境中提出的问题，不加任何提示，直接出示两个人的算法，通过"上面的两个式子，表示相同的大小，因此可以用等号连接"这样的语言表达得出等式。这句话使用了因果关系的关联词，强调了逻辑推理。

东京版教材在揭示概念时，关注了学生的思维过程，而且表征很严密，"相同的符号表示相同的数量"。它从一个例子提炼出半具体、半抽象的符号表征，不但有乘法对加法的分配律，而且有乘法对减法的分配律。

同时，东京版教材在提炼出公式计算的要点（符号表征）之后，引导学生"将■=4，●=3，▲=2代入计算，看等号两边的得数是否相同"。首先，用数替代符号去计算，这是抽象和具体之间的转换，符号具体化有利于学生达成从具体到抽象以及从抽象回到具体这一过程性目标。其次，用介于数和字母之间的半具体、半抽象的符号表征，有利于学生代数思维的形成。最后，将具体的数值代入符号表达式进行计算，让学生验证两边得数是否相等，从而确认乘法分配律这一规律是否成立。

冀教版教材也有可取之处。在解决了情境中的问题之后，冀教版教材进一步要求学生计算两组算式，引导学生思考："你发现了什么？"启发学生先用口头语言表示规律，再用字母a、b、c表示任意三个数，从而得到乘法分配律的字母表征形式。加上情境中的那组等式，到这里共用了三组例证，在数量上多于东京版教材。冀教版教材注重"不完全归纳法"，让学生经历三组等式的观察与比较，运用抽象概括的方法提炼出乘法分配律。

在教学中，教师应注重培养学生严密的思维过程，一步一步地帮助学生理清思维的序列，提升学生分析、综合、比较、抽象、概括、判断和推理等方面的能力，从而丰富学生对知识的理解。

（三）知识拓展适度化，完善认知结构

东京版教材的知识点多，拓展面广。在学习了乘法对加法的分配律后，进一步出示了乘法对减法的分配律以及除法对加减法的分配律，注意对知识的拓展。这样的过程，一方面，让学生感受类比推理，即由乘法对加减法的分配律类比除法对加减法的分配律；另一方面，学生对于分配律有了一个整体的了解，更有利于知识框架的整体建构。

在拓展应用时，冀教版教材中的两道题目分别是乘法分配律的正向与逆向的直接应用，不需要通过对数的拆分构建出一个新的算式。而东京版教材

中的两道题目则要求先拆分，即需要先对 109 和 98 进行拆分，变成（100+9）和（100-2），再分别运用乘法对加法和乘法对减法的分配律进行计算，以达到简便计算的目的。正向应用对学生的要求更高，更有利于激发学生的潜能。

在教学中，教师应适度地对知识进行拓展，使学生感受到前后知识间的联系，完善学生的认知结构。

以上对中、日教材的比较，能让教师更好地理解教材，采两版教材之长，更有效地开展教学活动。

参考文献

[1] 蔡庆有，黄燕苹，金美月，等 . 中日韩小学数学教材内容的对比研究 [J]. 课程 · 教材 · 教法，2014（07），114-120.

[2] 刘艳平 . 日本小学数学教材特点简析：以东京书籍株式会社《新算数》为例 [J]. 小学数学教师，2017（12）.68-72.

"乘法分配律"中美教材自学效果比较研究

白 灵

摘要：对使用中美两版教材自学乘法分配律的结果进行分析可知：自学美国版教材后会解释规律的学生人数更多，而自学中国版教材后学生正向应用规律进行简便计算的效果更好。中国版教材"乘法分配律"的编写可以关注以下方面：将可用面积模型作为引入、适当调整例题题型。

关键词：乘法分配律；自学；实证

作者简介：白灵 / 广东省深圳市宝安区安乐小学教师

数学教材作为数学课程最为重要的资源之一，直接影响教师的教与学生的学。不同版本的教材具有不同的特点，本研究试图从实证研究的角度，分析使用中美两版教材自学"乘法分配律"后，学生对相关内容的掌握是否存在差异，以期为我国教材的编写、完善以及发展提供参考。

一、研究对象与方法

（一）研究对象

考虑到比较对象的典型性和代表性，本文选用的是 2013 年教育部审定的北京师范大学出版社出版的小学数学教材（简称"北师大版"）以及由 McGraw-Hill 公司 2008 年出版的 *California Mathematics*（简称"加州版"）。两版教材"乘法分配律"部分的内容参见表 1。

（二）研究方法

选取由同一个教师任教的两个平行班进行等组对比实验，A 班使用北师大版教材自学"乘法分配律"内容，B 班使用加州版教材，自学时间为 30 分钟，无引导和讨论，并在自学前后进行检测。两次检测收回有效问卷为 A 班（51/50）、B 班（49/47）。对学生的回答按统一标准分类、统计数据进行分析比较。

表 1　中美两版教材"乘法分配律"部分内容

北师大版	加州版

北师大版

乘法分配律

厨房贴瓷砖。

● 贴了多少块瓷砖？说说你是怎样算的。

$3 \times 10 + 5 \times 10$	$(3+5) \times 10$	$4 \times 8 + 6 \times 8$	$(4+6) \times 8$
$=30+50$	$=8 \times 10$	$=32+48$	$=10 \times 8$
$=80$（块）	$=80$（块）	$=80$（块）	$=80$（块）

答：

● 观察上面两组算式，你有什么发现？

我发现：
$3 \times 10 + 5 \times 10 = (3+5) \times 10$。

我发现：
$4 \times 8 + 6 \times 8 = (4+6) \times 8$。

● 用 a，b，c 代表三个数，你能写出上面发现的规律吗？想一想，认一认。

$$(a+b) \times c = a \times c + b \times c$$

这是乘法分配律。

● 请你结合 $4 \times 9 + 6 \times 9$ 这个算式说明乘法分配律是成立的。

我用画图的方法。

56

试一试

● 观察 $(80+4) \times 25$ 的特点并计算。

可以用 80×25，再用 4×25……

$(80+4) \times 25$
$=80 \times 25 + 4 \times 25$
$=2000 + 100$
$=2100$

我用乘法分配律。

● 观察 $34 \times 72 + 34 \times 28$ 的特点并计算。

江江，两个乘法算式中都有 34。

表示 72 个 34 加上 28 个 34，一共有 100 个 34。

$34 \times 72 + 34 \times 28$
$=34 \times (72+28)$
$=34 \times 100$
$=3400$

我用乘法分配律。

加州版

1-10　代数：分配律

学习准备

小型实验室

任选下面的一种方法，求出两个长方形面积之和。
求出蓝色和黄色长方形的面积之和

学习目标
我会在方程和等式里使用分配律

5 年级标准
在有变量的方程和等式中了解并使用分配律。

新词
分配律

方法一：先把长相加，再乘	方法二：先分别求出面积，再加
$4 \times (6+3) = 4 \times 9$ 加 $= 36$ 化简	$(4 \times 6) + (4 \times 3)$ 乘 $= 24 + 12$ 化简 $= 36$

你发现 $4 \times (6+3) = 36$。你也发现 $(4 \times 6) + (4 \times 3) = 36$。所以 $4 \times (6+3) = (4 \times 6) + (4 \times 3)$。

1、画一个模型表示 $2 \times (4+6) = (2 \times 4) + (2 \times 6)$。

2、写出一个与 $2 \times (5+7)$ 相等的式子，解释你这样写的原因。

分配律包含加法和乘法

关键概念　　　　　　　分配律

文字　　一个数乘以和，就是把每个加数分别和括号外的数相乘。

符号　　　　数字　　　　　　字母

$2(7+4) = (2 \times 7) + (2 \times 4)$　　$a(b+c) = ab + ac$

你可以用分配律对一些乘法问题进行心算。

词语链接
分配
日常生活中用来划分一些人或事物
分配律
数学上用来表示一个和乘一个数的定律

例子　　　　　　　使用分配律

① 使用分配律口算 4×58。
$4 \times 58 = 4 \times (50 + 8)$　　把 58 写成 50+8
$= (4 \times 50) + (4 \times 8)$　　分配律
$= 200 + 32$　　心算出每一部分的结果
$= 232$　　把 200 和 32 加起来

现实生活中的例子

② 有超过 1 千万人在旧金山的渔人码头参观过蜡像，假设博物馆的门票是每个学生 5 美元，公共汽车票是每个学生 3 美元，30 个学生一共应付多少美元。

方法一：	方法二：
先分别算出 30 张门票和 30 张车票，再把它们相加	先算出 1 个人花的钱，再乘人数 30
$30 \times \$5 \cdot 30 \times \$3$	$30 \times (\$5 + \$3)$
30 张门票　30 张车票	1 个人花的钱

$30 \times (5+3) = (30 \times 5) + (30 \times 3)$　　分配律
$= 150 + 90$　　化简
$= 240$　　加

30 个学生一共花了 240 美元。

二、研究结果与分析

乘法分配律是客观存在的运算规律，两版教材的呈现均重点着力于规律的表示、解释和应用三个方面，因此，本研究聚焦以下四个主要问题：

（一）对比班级会表示规律的人数是否有差异

会表示规律即学生能用自己喜欢的方式表示乘法分配律，可以是文字描述、符号表达等方式。A 班在自学前后能正确表示的人数分别为 6 人、28 人，B 班为 4 人、31 人。

对比两组数据发现，对比班级在自学前会表示规律的人数差异不显著，表示两个班具有可比性，在自学后差异也不显著。

以上分析说明教材版本对学生自学后是否会表示乘法分配律无显著性影响，可能是因为学生在学习交换律和结合律时，积累了大量表示规律的经验，所以对这一内容较易掌握；并且，在表示规律的呈现上，加州版教材多了文字描述这一内容，但分析学生的回答发现，即使用加州版教材自学的学生，也只有个别学生愿意选择用文字描述规律，且很难完整地描述清楚。由此看来，用文字描述规律对小学生来说的确太过困难，所以北师大版教材对这一内容并没有要求。

（二）对比班级会解释规律的人数是否有差异

会解释规律即学生对乘法分配律的等式能做出正确的意义解释。A 班在自学前后能做出正确解释的人数分别为 3 人、20 人，B 班为 3 人、30 人。

对比两组数据发现，对比班级在自学前会解释规律的人数差异不显著，表示两个班具有可比性，在自学后 B 班会解释规律的人数显著高于 A 班。

也就是说，自学加州版教材后，能正确解释规律的人数更多。

（三）对比班级解释规律的方法是否有差异

在解释规律方面，对比班级在人数上有显著性差异，那么在方法上是否也有差异呢？由于两版教材在规律解释的方法呈现上有不同侧重，学生共出现了以下五种解释方法：计算结果、点子图、乘法意义、面积模型、生活实例（如图 1），其中后四种为正确的意义解释方法。

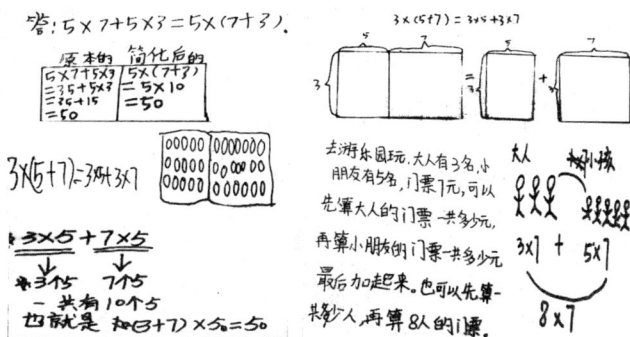

图 1 五种解释方法样例

对比班级在自学前后使用五种方法解释乘法分配律的人数如表 2。

表 2 对比班级自学前后使用不同方法解释规律的人数

解释方法	计算结果	点子图	乘法意义	面积模型	生活实例
A 班	3/3	1/8	0/5	0/5	2/2
B 班	1/0	0/0	0/0	2/25	1/5

对每种解释方法的人数分别对比分析发现，在自学后，A 班选择点子图和乘法意义这两种方法解释规律的人数显著高于 B 班，而 B 班选择面积模型解释规律的人数显著高于 A 班。

通过以上两个问题的分析可以发现，在正确解释规律方面，使用加州版教材自学的学生人数多却方法单一，使用北师大版教材自学的学生人数少却方法多元，这和教材的呈现内容不无关系：加州版教材由面积模型引入，紧接着设置三个小问题启发学生模仿使用面积模型解释规律，反复、集中的练习使学生对这一方法掌握牢固；北师大版教材引入部分和解释规律部分相互独立，学生可能对内容之间的联系似懂非懂，所以会用点子图和乘法意义解释规律的学生虽然有却不多，且从乘法意义的角度理解规律，北师大版教材在二三年级已有大量铺垫，但学生自学后的掌握情况依旧不乐观，可能是铺垫时并没有出现"乘法分配律"这个名称，让学生在自学时难以自动连接旧知。

（四）对比班级会应用规律的人数是否有差异

在规律的应用上，本研究主要考查两个方面：1. 应用乘法分配律进行简便计算，包括规律的正向和逆向应用，对于 $a \times (b+c) = a \times b + a \times c$，将等式左边转化为右边的形式进行计算称为正向应用，逆向应用则刚好相反；2. 结合规律解决实际问题：对提出的问题，学生能否给出两种解法并做出正确的意义解释。

1. 应用规律简便计算的人数是否有差异

对比班级在自学前后会应用规律进行简便计算的人数如表3。

表3 对比班级自学前后应用规律简便计算的人数

	正向应用	逆向应用
A 班	8/26	17/32
B 班	2/14	9/21

对两组数据进行对比发现，对比班级在自学前会正向应用规律和逆向应用规律进行简便计算的人数差异均不显著，表示两个班具有可比性。在自学后 A 班会正向应用规律简便计算的人数明显高于 B 班，而在逆向应用方面对比班级差异不显著。

通过以上分析，两版教材均有一道正向应用规律的计算例题，而北师大版教材在正向应用规律简便计算方面的自学效果更好，可能是在数据选择方面，北师大版教材的例题在使用了乘法分配律之后明显降低了计算难度，使得学生在自学时对规律的简便计算用途更加明确，当题中出现特殊的"配对数字"时学生马上就能提取规律加以应用，而加州版教材的例题，即使不用乘法分配律也能口算得出答案，所以学生反而忽略了规律的应用；在逆向应用方面，加州版教材虽然没有相关例题，但对比班级差异不显著，可能学生用不完全归纳法表示规律时，已有了观察算式"形"的经验，对算式中出现相同乘数时已能自主逆向应用规律简便计算。

2. 应用规律解决实际问题的人数是否有差异

A 班在自学前后能正确解决实际问题的人数分别为 5 人、8 人，B 班为 6 人、11 人。

对比两组数据发现，对比班级在自学前会应用规律解决实际问题的人数差异不显著，表示两个班具有可比性，在自学后差异也不显著。

通过以上分析，说明不同的教材版本对学生自学后是否会正确解决实际问题并无显著影响。分析学生的回答发现，大部分学生只会用一种方法且难以与乘法分配律相联系，可能教材呈现的大部分是规律的符号性应用，而从实际意义的角度理解规律并加以应用，这一内容的自学难度大，需要教师在教学时加以点拨启发后学生才能掌握。

三、结论与启示

通过上述分析，对我国"乘法分配律"部分的教材编写有以下两点启示：

（一）将可用面积模型作为引入

通过对比发现，相较于北师大版铺瓷砖的生活情境，加州版教材以面积模型引入，直观简洁，学生自学效果更好，且在解释规律时，B班学生对面积模型的运用也更灵活。因此，我国教材可以以生活情境为背景，配合出示面积模型作为引入，既能降低自学难度，又对规律解释的方法做了补充，在充分理解的基础上，再向乘法意义、生活实例等方法发散，促进方法间的融会贯通，加深对规律的多元理解。

（二）适当调整例题题型

两版教材在应用规律解决实际问题方面，自学效果均不理想，加州版教材虽然有一道类似的例题，但并没有表现出明显优势，说明学生在这类问题的自学上存在较大困难，而北师大版教材仅出示两道计算例题，将生活实际问题全部放在习题中，无疑增加了这类问题的理解难度；而且，学生在逆向应用规律简便计算方面似乎能"无师自通"，因此，建议将应用规律解决实际问题作为例题，将逆向应用规律放在习题中，提高例题的有效性，让教学重难点更加突出。

参考文献

[1] 胡典顺，薛亚乔，王明巧.中国和美国小学数学教材中问题提出的比较研究 [J].数学教育学报，2016，25（4）：37-41.

[2] 刘坚，孔企平，张丹.义务教科书数学教师教学用书（四年级上册）[M].北京：北京师范大学出版社，2014.

"乘法分配律"人教版教材纵向比较研究

卢长征

摘要：本文以人民教育出版社1989年和2014年出版的教材为研究对象，结合"乘法分配律"这一教学内容，从引入情境、问题解决和规律总结部分进行教材的纵向比较研究。研究发现：两版教材具有引入时强调生活情境、呈现时注重图文结合、关键之处有提示点拨等共性特点；但在具体的点拨方式、给出的解题方法、采用的表征方式等方面存在差异。对此，本文提出关注内容本质、关注学生的学习是教学永恒的追求。以史为镜，探索教材的变与不变，有助于提升教师的教学水平。

关键词：乘法分配律；教材；纵向比较

作者简介：卢长征／广东省深圳市宝安区教育局第一学区教办学区教研员

教材纵向比较指的是对同一出版社不同时期出版的教材进行比较。通过教材纵向比较，可以更好地看到教材编写的历史发展轨迹，通过"变"与"不变"探究教学的本质。"乘法分配律"是小学数学教学中重要的教学内容，现今可以找到的所有教材中，都有它的身影。人民教育出版社出版过多套小学数学教材。其中，1989年（下文称A版）、2014年（下文称B版）两个版本数学教材中的"乘法分配律"这一内容，比较具有代表性，故选择这两套教材进行纵向比较。

这两个版本的教材均将"乘法分配律"这一内容安排在学生学习完三位数乘多位数之后教学。教材结构基本相同，大致包括引入情境、问题解决、规律总结、巩固练习等部分。下面从前三个方面对两个版本教材进行比较分析。

一、引入情境图文结合

引入情境是指教材为探究新知所创设的问题情境。A版教材在引入时采用的是购物情境，具体问题是"如果做一张桌子需要10元，做一把椅子需要

5 元，算一算做图中的课桌椅（图中呈现 4 套桌椅）一共需要多少元。"B 版教材采用的是植树情境，用图文结合的形式呈现。图中是几组小朋友在植树，并用泡泡图的形式提示"一共有 25 个小组，每组里 4 人负责挖坑、种树，2 人负责抬水、浇树""每组要种 5 棵树，每棵树要浇 2 桶水"。教材用文字的形式提出了一个问题："一共有多少名同学参加了这次植树活动？"

选择贴近学生生活实际的情境，有利于学生理解情境中蕴含的数量关系。将日常生活情境引入教学是两个版本教材引入情境的共同特点。但从中也可以看出以下不同点：

（一）插图的作用不同

A 版教材的插图看起来很简单，但图中包含问题解决的具体信息（4 套桌椅），需要将图中的信息与文字信息两者相结合才能完整表述问题。B 版教材虽然也采用了图文结合的呈现方式，但插图的作用主要是再现与问题相关的场景，帮助学生理解，没有插图不影响问题的完整表达。

（二）问题的完整程度不同

A 版教材在本节教学内容中完整呈现数学信息和提出的问题，条件和问题都是一次性呈现的。B 版教材中的插图是整章运算律的情境图，数学信息通过对话框的形式提供，问题则在后面单独呈现。并且插图中包含其他信息，学生需要从图中寻找对应的信息，才能解决问题。

二、问题解决各具特色

问题解决是指对教材中提出的问题进行解答。在问题解决的过程中，A 版教材用文字提示两种不同解题思路，并呈现计算方法。B 版教材通过学生对话的形式提示有两种不同方法，没有解题思路，只呈现计算方法。

在关键之处进行点拨能启发学生思考，给学生提供有价值的线索，激发学生学习的兴趣。点拨是指在解答过程中呈现提示、说明、解释、评价等内容。两个版本教材在问题解决时的共同特点是都有点拨。但是它们的点拨方式存在差异。A 版教材的点拨方式是文字描述，提示解题的步骤和方法，明确说明先算什么，后算什么。B 版教材的点拨方式是情境描述，通过学生对话的形式提示，如"我先计算……""我先分别计算……"然后呈现两种解题的方法。

完整呈现解题思路和解题方法的方式，能为教师备课提供参考，为学生自学提供支持。只提示有两种方法，不给出具体解题思路，则更开放灵活，有助于学生独立思考，让问题的解决更富有挑战性。

点拨方式不同对教师和学生的要求也会不同，教师在教学时可以根据班级学生的实际情况，选择不同点拨方式的教材给学生自学，满足不同学生的学习需求。

三、规律总结观念提升

规律总结是指根据算式总结乘法分配律的过程。A 版教材先根据情境得出"上面两种算法结果相同，所以（10+5）×4=10×4+5×4"，然后给出："我们还可以看到（18+7）×8=18×8+7×8；10×（7+9）=10×7+10×9 等等""这就是说两个数的和与一个数相乘，可以把两个加数分别与这个数相乘，再把两个积相加。这叫作乘法分配律。"B 版教材先根据情境列出两个算式，计算结果后得出："所以，（4+2）×25=4×25+2×25。"然后调换乘数的位置，提示："想一想，25×（4+2）=25×4+25×2。"值得注意的是，教材中还给出了箭头标明等号前后两个算式之间的联系。接着通过图中"学生"和"小精灵"的对话，给出提示："两个数的和与一个数相乘，可以先把它们与这个数分别相乘，再相加。""这叫作乘法分配律。""小精灵"还顺势提出："用字母怎样表示？"由此教材呈现用字母表示乘法分配律的方法："（$a+b$）×c=___×___+___×___，想一想：a×（$b+c$）=___×___+___×___。"

在规律总结的过程中，两个版本教材都注重培养学生归纳推理的能力，试图引导学生采用不完全归纳法，通过具体的等式，发现算式的特征，进而归纳得出乘法分配律。但在规律得出的细节上，两个版本教材有很大差异。

（一）引导的方式从重视结果走向重视过程

A 版教材引导学生发现规律主要体现"归纳"的思想，并注意到不完全归纳过程中数量多少对学生理解产生的影响。因此在列出三个等式后，写下了"等等"，重在引导学生得出分配律，重视引导学生理解相等的结果。而 B 版教材通过箭头让学生关注等号左边算式和右边算式之间的关系，重在理解相等的过程。从重视结果走向不仅重视结果还重视过程，这也是课改后教材编写的突出特点之一。

（二）规律的表征从单一走向多元

A 版教材在呈现乘法分配律时采用的是纯文字表达的形式，而 B 版教材不但有文字表征，而且有字母表征。在字母表征乘法分配律时，呈现了交换乘数位置的两种不同方式。从中可以看出，随着时间的流逝，规律的表征方式从单一走向多元。前文提到，仅仅从具体的例子中得出结论，结论不一定可靠。而用字母表达规律，抽象的程度更高，更能够体现规律的一般性，也更有利于学生真正理解以及应用乘法分配律。

四、比较后的启示

（一）历史变迁，本质依旧

数学是一门历久弥新的学科，数学自身的特征决定了数学教学中内容的本质不变。通过这两个版本教材的比较，可以具象地体会到，虽经过多次改版和修订，两个版本教材也有诸多不同，但重视基础知识和基本技能、重视规律探索发现的过程、重视解决问题能力的培养等数学教学的根本没有变过。形式不同，本质依旧。这也提醒教师，抓好数学的根，是做好数学教学的必然要求。

（二）跟随发展，适当回顾

教育的变革随着时代的发展而发展，相应地，教材也会随之发生变化，如教材创设丰富的联系儿童生活实际的情境，内容的展开具有探索性和开放性，反映数学知识的形成过程，等等。教材的编写也会因版本整体特色的改变而做出调整，但从一节课的角度来看，不一定所有的调整都是正向的、都有利于学生的理解，适当回顾历史，重拾过去教材中编写得好的地方拿来用，是教师在教学中可以关注的地方。比如 A 版教材的情境，依旧可以带给今天的数学教师很多启示。

（三）立足当下，展望未来

《义务教育数学课程标准（2011 年版）》提出了"四基""四能"课程目标。现行教材为学生提供了丰富的学习主题、基本线索和知识的形成、应用过程，同时体现了数学思想与方法的渗透与应用，便于学生自主学习、独立思考与探索、合作交流。教材的编写会随着时代的进步发生更多的变化，但关注数学学科本质、关注学生的学习不会变。本文虽只是对一节课进行了纵向比较，但依旧可以看到课标制定者、教材编写者、一线教师对学生如何学习的理解正逐步走向深入。前路漫漫，未来可期。

综上所述，教师要善于对教材做纵向比较分析，读出不同时期教材中的"变"与"不变"，领悟教材编写者的"保留"与"修改"意图，吃透教材，用好教材，实施教学，更好地为学生的学习与发展服务。

参考文献

[1] 朱乐平. 圆的认识教学研究 [M]. 北京：教育科学出版社. 2014：37-39.

[2] 人民教育出版社数学室. 六年制小学课本数学第五册 [M]. 北京：人民教育出版社，1989：96-102.

[3] 人民教育出版社课程教材研究所数学课程教材研究开发中心. 义务教育教科书·数学. 四年级下册 [M]. 北京：人民教育出版社，2014：26-29.

[4] 中华人民共和国教育部. 义务教育数学课程标准(2011 年版)[S]. 北京：北京师范大学出版社，2012：8-9.

"乘法分配律"教材习题难度比较研究

赵少棠

摘要：本文建立了乘法分配律习题难度的划分标准。根据这个标准对六个版本教材中"乘法分配律"的习题难度进行比较，发现无论是习题总数量，还是不同水平层次的习题量和所占的比例都有较大差异。由此，得到启示与建议：建立习题难度划分标准很有必要；教材编写者要仔细考虑习题的总数量和各水平层次的习题量；教师需要根据教材及学情增减不同层次的题目。

关键词：教材比较；习题；认知水平

作者简介：赵少棠／广东省深圳市宝安区宝安小学教师

习题是教材的重要组成部分，它对学生巩固知识、提高能力、提升素养等起到很大的作用。乘法分配律是一条重要的运算定律，对于乘法分配律的相关习题，一线教师可以凭经验粗略地判断出它们的难易，但很难对习题难度做比较精细的剖析。本文试图建立乘法分配律习题难度的划分标准，并对现行六个版本教材中"乘法分配律"的习题难度进行比较，以期能够更好地分析教材的习题难度并获得启示。

一、"乘法分配律"习题难度的划分标准

我们平时所说的习题难或容易是指学生在解决时的难易，解决习题的能力反映了学生的数学认知水平。顾泠沅等人提出了四个数学认知水平，分别是水平1：计算——操作性记忆水平；水平2：概念——概念性记忆水平；水平3：领会——说明性理解水平；水平4：分析——探究性理解水平。水平1和水平2为记忆水平，属于低层次的认知水平。水平3和水平4是理解水平，属于较高认知水平。水平4通常被称为高认知水平。本文根据这四个水平的含义，结合"乘法分配律"的有关内容，将乘法分配律习题难度的标准划分如下：

水平1：计算——操作性记忆水平；这是一个起点水平，只要求学生记忆乘法分配律的形式，并能够在有"帮扶"的情况下进行模仿。它有两种具体

的习题形式：

（1）在"形式"上辨认是否属于乘法分配律的等式，判断拆分过程的正确与否。比如以下的案例1（青岛版）：

2. 火眼金睛辨对错。

(1) $13 \times 4 + 13 \times 8 = 13 \times (4 + 8)$ （   ）

(2) $4 \times (12 + 13) = 4 \times 12 \times 4 \times 13$ （   ）

图1

（2）在有"帮扶"的情况下会对乘法分配律进行模仿性的应用，也就是能够根据乘法分配律对算式进行简单拆分。这里的"帮扶"主要是指在等式中提供部分数，让学生去完成另一部分，以便构成符合乘法分配律的等式。比如以下的案例2（浙教版）：

3. 在□里填数。

图2

水平2：概念——概念性记忆水平；能够在没有"帮扶"的情况下，初步应用乘法分配律进行简便计算；能够在有"帮扶"的情况下，将乘法对加法的分配律类比到乘法对减法的分配律并能够用符号进行表达。它有两类习题形式：

（1）直接应用乘法分配律进行简便计算，这里的直接应用主要是指：学生只需要根据题目给定的数，直接应用乘法分配律进行简便计算，不需要先对数进行分拆后再用分配律进行简便计算，而经过分拆后的应用可以称为间接应用。比如，直接应用只要求学生简便计算 $125 \times (80 + 8)$，而不要求学生简便计算 125×88。下面案例3的习题（北师大版）都属于这一水平层次：

3. 观察下面算式的特点并计算。

$(20 + 4) \times 25$	$35 \times 37 + 65 \times 37$	$19 \times 66 + 81 \times 66$
$32 \times (200 + 3)$	$12 \times 26 + 12 \times 4$	$125 \times (80 + 8)$
$12 \times 65 + 65 \times 88$	$8 \times (125 + 9)$	$39 \times 6 + 39 \times 54$

图3

（2）在有"帮扶"的情况下，将乘法对加法分配律类比到乘法对减法分配律，并能够运用符号、字母的形式填空。以下案例4（沪教版）就是这一层次的习题。

运用乘法分配律填空.

$(93 + 28) \times 11 = 93 \times \boxed{} + 28 \times \boxed{}$

$\boxed{} \times (85 - 13) = 29 \times \boxed{} - 29 \times \boxed{}$

$\blacklozenge \times \bigstar + \bullet \times \bigstar = (\boxed{} + \boxed{}) \times \boxed{}$

$a \times (b - c) = \boxed{} \times \boxed{} - \boxed{} \times \boxed{}$

图 4

水平3：领会——说明性理解水平；能够间接应用乘法分配律进行简便计算，即要对题目进行适当的变化以后再运用乘法分配律进行计算；这一水平的习题也包括，能够根据应用问题列出算式，灵活应用乘法分配律进行简便计算。以下的案例5与案例6都是这一水平的习题：

案例5（人教版）：

6. 用乘法分配律计算下面各题。

103×12   20×55   24×205

图 5

案例6（青岛版）：

7. 甲、乙两个工程队分别从两端同时开凿一条隧道。甲队每天凿9米，乙队每天凿11米，120天后凿完。求这条隧道的长。

图 6

水平4：分析——探究性理解水平；能够结合图示或其他形式说明乘法对加法的分配律成立；能够运用类比得到乘法对减法分配律、除法对加减法分配律的形式，并能够运用不同的表征方式说明这些分配律成立或不成立；能够综合灵活地应用乘法分配律解决问题。以下的案例7（北师大版）就是属于这一水平的习题。

案例7（北师大版）：

2. 结合图与同伴说说等式3×6+4×3=(6+4)×3为什么成立。

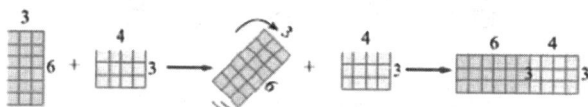

图 7

二、六个版本教材习题的难度比较与分析

根据前面建立的关于乘法分配律习题难度的划分标准，笔者对现行的六个版本教材的习题进行了水平划分与分析。在划分的习题中既包括新课后面的习题，又包括紧跟新课后面的练习课的习题，但不包括总复习中的习题。对于一道大题里有几道小题的情况，按照小题的数量统计。六个版本教材的习题难度划分情况见下表：

表 1　六个版本教材"乘法分配律"习题水平表

	水平 1	水平 2	水平 3	水平 4	合计
人教版	9（33.3%）	4（14.8%）	13（48.1%）	1（3.7%）	27
北师大版	0	9（50%）	7（38.9%）	2（11.1%）	18
浙教版	7（26.9%）	13（50%）	6（23.1%）	0	26
沪教版	2（12.5%）	9（56.3%）	5（31.3%）	0	16
西南师大版	6（23.1%）	6（23.1%）	14（53.8%）	0	26
青岛版	7（23.3%）	11（36.7%）	12（40%）	0	30

（表中括号内的百分数为该题量占该教材"乘法分配律"习题总量的百分比）

从上表的统计数据，可以得到以下结论：

1. 习题总量差异较大。在六个版本教材中，题量最多的是青岛版，有 30 道题，差不多是题量最少的沪教版（16 题）的两倍。六个版本教材习题总量统计见图 8。编写多少习题才能够让学生达到课程标准提出的要求，这是一个非常值得研究的问题。

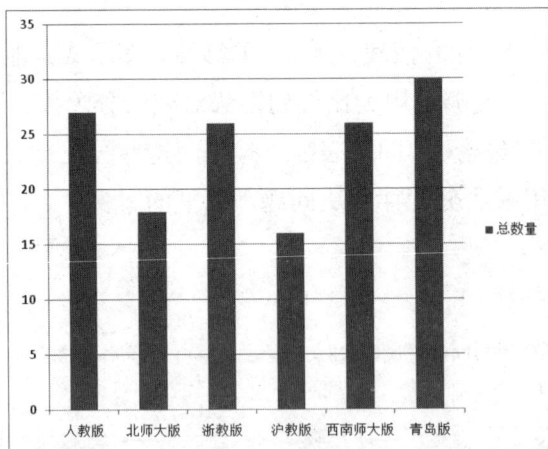

图 8　六个版本教材习题总数量统计图

2. 有四个版本的教材没有编写水平 4 的题目。水平 4 这个层次的习题能够使学生综合地灵活地应用分配律解决问题，对培养创新思维和高阶思维都能起到积极的作用，需要有一定的数量。

3. 四个水平之间的习题量相差较大，同时在一个水平之内，各版本教材习题的数量相差也比较大。比如，北师大版教材没有水平 1 的习题，沪教版水平 1 的题目只有 2 个，最多的是人教版有 9 个习题，是沪教版习题数量的 4.5 倍。而在水平 2 的习题中，浙教版是 13 个，人教版只有 4 个，浙教版习题数量是人教版的 3 倍还多。各水平的习题数量情况，详见图 9。每一个水平的习题各编写多少个合适，同样需要研究。

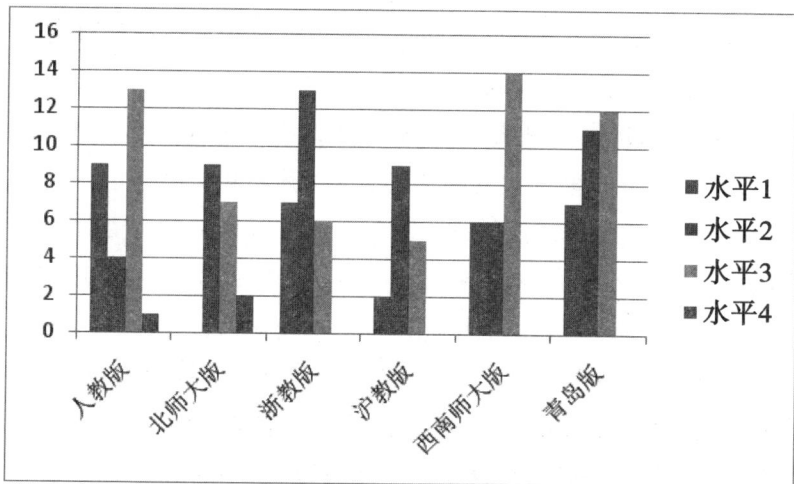

图 9　六个版本教材习题水平数量统计图

4. 同一个水平的习题数量占"乘法分配率"习题总数量的百分比差异较大。就水平 1 来说，人教版教材水平 1 的习题量占总数量的 33.3%，而沪教版只占 12.5%，两者相差 20.8%。比较水平 2 可知，人教版水平 2 的习题量占总数量的 14.8%，沪教版却占了 56.3%，两者相差 41.5%。这说明各套教材的编者对于"某一个水平的题目应该占习题总数量的百分之几"在认识上存在着较大的差异。下面两个扇形统计图（见图 10 与图 11），反映了人教版和北师大版每一个水平的习题数量占"乘法分配率"习题总数量的比例关系，从这两个图中可以比较清晰地看出两版教材每一个水平习题占比的相差情况。

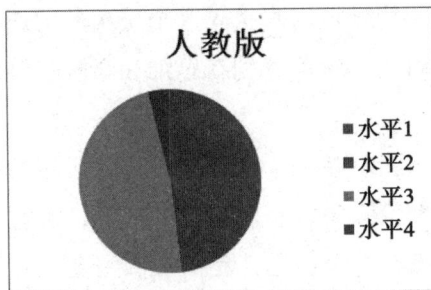

图 10

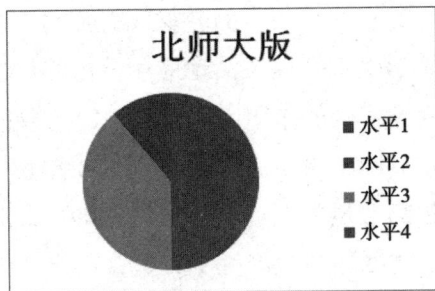

图 11

三、启示与建议

通过习题难度划分标准的建立和各版本教材不同水平习题数量的统计和分析，笔者得到以下启示与建议：

（一）从经验判断题目的难易到比较严格的水平划分，很有必要

笔者已经有 16 年的教龄，对习题的难易程度可以凭经验进行判断，也能说出哪一个习题对学生来说比较难，哪一个比较容易。但需要对习题的难度建立划分标准时，仅凭经验就不够了，需要更理性的思考和判断。经过理性思考而建立的习题难度划分标准可以使我们从模糊的、凭经验的判断上升到理性的、依据标准的判断，这个过程很有必要，它可以提升一线教师的经验和理论水平，能够使教师更专业、更好地为学生服务。

（二）教材编写者要仔细考虑习题的总量和不同水平层次的题量

从上面的比较中可知，六个版本的教材中，有的缺乏水平 1 的题目，也有的缺乏水平 4 的题目，同一套教材中也有各个水平题目数量差距较大的。为了更好地编写教材，编写者应该仔细考虑题目的难度水平，尽量做到每个水平的题目都有所涉及，并且有一个合适的比例。笔者认为四个水平的比例分别为 30%、30%、25% 和 15% 是比较合适的。

（三）教师需要根据教材及学情增减不同层次的题目

教师在教学时，需要有"习题的难度水平"意识，并且有能力区分出教材中不同习题的难度水平，再结合所教学生的实际情况，对教材中的习题进行处理，可以增加或减少不同难度水平的习题。从前面的比较中可知，多数版本的教材中没有水平 4 的习题，而对于部分数学素养比较高的学生来说，是需要水平 4 的习题的，因此，为了更好地促进这部分学生的发展，教师就

需要增加水平4的题目。

参考文献

[1] 人民教育出版社课程教材研究所数学课程教材研究开发中心．义务教育教科书．数学．四年级下册 [M]．北京：人民教育出版社，2014．

[2] 刘坚，孔企平，张丹．义务教育教科书数学四年级上册 [M]．北京：北京师范大学出版社，2013．

[3] 张天孝．数学．三年级．上册 [M]．杭州：浙江教育出版社，2019．

[4] 上海教育出版社课程教材研究中心．九年义务教育课本．数学．三年级．第一学期（试用本）[M]．上海：上海教育出版社，2019．

[5] 宋乃庆．义务教育教科书．数学．四年级上册 [M]．重庆：西南师范大学出版社，2014．

[6] 山东省教学研究室．义务教育教科书数学．四年级．下册 [M]．青岛：青岛教育出版社，2015．

[7] 杨玉东，贺真真．数学教学改革三十年：现实与实现——来自"青浦实验的新世纪行动" [J]．上海教育科研，2007（12）．

"小数除法"的国内教材对比和教学思考

霍存霞

摘要: "小数除法"是小学数学"数的运算"的核心内容之一,是培养学生运算能力的重要载体。这个单元的学习不仅是重点,而且是难点,还是深入发展学生运算能力这一学科核心素养的重要阶段。为了更好地指导教师的教学,笔者选择了北师大版、人教版和苏教版教材,通过纵向梳理和横向对比对三版教材进行分析与解读。在此基础上,立足小数除法的本质,基于计数单位的计算,构建与思考小数除法单元的教学,明晰小数除法算理与算法,沟通小数除法与整数除法之间的联系,最终达到促进学生理解算理、掌握算法并熟练技能的教学目的。

关键词: 小数除法,教材对比,算理,算法

作者简介: 霍存霞 / 广东省深圳市宝安区翻身小学教师

运算教学贯穿于小学阶段数学教学的始终,运算能力是发展学生数学核心素养的基石。"小数除法"是"数的运算"这一类核心内容的一部分,对整个小学阶段的学习至关重要。小数除法能丰富学生对小数意义的理解,是整数除法的拓展延伸。小数除法运算是将不够除的数位,借助十进制的核心思想将计数单位变小,继续除下去,将整个运算的数系顺利地进行了扩充,帮助学生深刻理解数与数的运算本质,沟通知识之间的联系。然而,依据多年的实践经验,很多教师都会有一个共识,即学生对"小数除法"的认识理解和运算能力比较低下。为什么会出现这种现象呢?

在我国的小学数学教材中,"小数除法"的运算教学一般按照以下顺序进行整体的任务推进:除数是整数(除到被除数末尾没有余数,不需要补"0")——除数是整数(除到被除数末尾有余数,需要补"0"继续除)——除数是整数(被除数不够除,需要商"0"占位)——除数是小数。计算类型的复杂程度可见一斑。在整个教学过程中,如果教师完全按照这样的步骤进行教学,没有侧重,会给学生一种"胡子眉毛一把抓"的感觉,学生很容易

迷失在复杂枯燥的算法之中。

为促进学生对这一运算领域核心内容的理解和把握，笔者尝试结合北师大版、人教版和苏教版教材的编排体系，谈谈自己对这一部分内容的教学思考。

一、纵向梳理，整体把握内容结构

表1　三个版本教材关于小数和除法的内容梳理

版本	学段	关于除法	关于小数
北师大版	第一学段	除法的初步认识（二上） 用口诀求商（二上） 有余数除法（二下）	
	第二学段	一位数除两三位数（三下） 三位数除以两位数（四上）	元、角、分与小数初步认识（三上） 元、角、分背景下一位小数的加减运算（三上） 小数的再认识（意义和性质）（四下） 小数加减法（四下） 小数乘法（四下）
	第三学段	小数除法（五上） 分数除法（五下）	小数除法（五上）
人教版	第一学段	除法的初步认识（二下） 用口诀求商（二下） 有余数除法（二下）	
	第二学段	除数是一位数的除法（三下） 除数是两位数的除法（四上）	小数的初步认识（三下） 小数的意义和性质（四下） 小数的加减法（四下）
	第三学段	小数除法（五上） 分数除法（六上）	小数乘法（五上） 小数除法（五上）
苏教版	第一学段	除法的认识（二上） 表内除法（二上） 有余数的除法（二下）	
	第二学段	两、三位数除以一位数（三上） 两、三位数除以两位数（四上）	小数的初步认识（三下）
	第三学段	小数除法（五上） 分数除法（六上）	小数的意义和性质（五上） 小数的加减法（五上） 小数乘法（五上） 小数除法（五上）

通过梳理，我们发现，在除法教学内容的编排上，三套教材基本一致。在第一学段，安排除法意义、表内除法的教学，并初步掌握了有余除法的竖式的计算方法。在第二学段，进一步探索除数是一位数、两位数的除法计算方法，理解整数除法的计算道理。有了这样的基础，在第三学段安排小数除法的教学，拓展学生对整数除法运算的认知，帮助学生深刻理解数和数的运算。

在小数教学内容的编排上，三套教材大体一致，个别内容略有小异。北师大版和人教版教材都是在小数意义和性质的学习之后，安排小数乘法和除法的教学，这样的编排符合小数知识的认知规律，而且将有关小数的内容安排在不同册次或单元，分散难点，避免学生长时间学习单一内容。而苏教版教材有所不同，将小数的意义和小数的四则运算同时安排在五年级上册，而且将小数乘法和小数除法在一个单元进行混编教学：小数乘整数—小数除以整数—小数乘小数—小数除以小数。这样的编排有助于学生联系整数乘、除法的意义理解小数乘、除法，凸显小数乘、除法与整数乘、除法的内在联系，帮助学生依据已有的计算经验探索并掌握相关的计算方法，更好地理解运算的统一与和谐。

尽管如此，我们可以看到小数除法的学习都是在学生经历了"小数的初步认识""小数的意义和性质""小数加减法"和"小数乘法"的学习之后进行的。这些与小数相关的系统内容的学习，尤其是小数意义的学习为明晰小数除法的算理、沟通小数除法和整数除法的联系提供了丰富的知识基础和活动经验。

二、横向对比，聚焦学习路径设计

在这个环节，我们从教学情境的选择以及教学结构的编排两个方面对小数除法单元的内容进行对比研究，分析各个版本所呈现的小数除法学习路径。

（一）教学情境的选择

三个版本的教材都注重联系生活实际，从学生熟悉的情境出发，帮助他们理解小数除法的意义。

表2 三个版本教材关于小数除法教学情境的梳理

版本	除数是整数的小数除法	除数是小数的小数除法
北师大版	**精打细算** 甲商店 买了5包，一共11.5元。 乙商店 买了6包，一共12.6元。 ●甲商店牛奶每袋多少元？说一说你是怎么算的。	**谁打电话的时间长** 唉，花那么多钱，海气打电话的时间太长了吧！ 国内长途每分0.3元 通话费5.1元。 国内长途每分7.2元 通话费54元。
人教版	[1] 王鹏坚持晨练。他平均每周应跑多少千米？ 我计划4周跑步22.4km。 $22.4 \div 4 =$ _____ 想一想：被除数是小数该怎么除呢？	[4] 奶奶编"中国结"，编一个要用0.85m丝绳。 这里有7.65m丝绳。 这些丝绳可以编几个"中国结"？
苏教版	下表是妈妈购买水果的数量和付出的钱数。算出每种水果的单价各是多少元，填入下表。 	品种	单价/元	数量/千克	总价/元
------	------	------	------
苹果		3	9.6
香蕉		5	12
橘子		6	6.7		[例5] 妈妈买鸡蛋用去7.98元。买鸡蛋多少千克？ 每千克4.2元。

从上表我们可以发现，对于"除数是整数的小数除法"这一内容，北师大版和苏教版教材均以学生熟悉的购物情境引导学生根据等量关系和除法的意义列出除法算式，基于元、角、分的十进制关系和整数除法的意义，探究除数是整数的小数除法的计算道理。而人教版教材则是基于长度单位的小数意义的学习，以长度问题引入计算，尽管思路清晰，但学生却不太容易在整数除法与相应的小数除法之间建立清晰的联系。

对于"除数是小数的小数除法"这一内容，苏教版教材继续沿用购物的情境，引导学生列出除法算式。北师大版和人教版教材分别借助"谁打电话时间长"和"可以编几个中国结"这两个生活背景，引导学生根据"包含除"的意义列出除法算式，做进一步的探究。

（二）教学内容的编排

关于小数除法的教学任务，三个版本教材中的呈现形式不同，在研究时，我们着重从任务序列、算理表征形式进行梳理，如表3所示：

表3　三个版本教材关于小数除法的教学内容呈现形式的梳理

内容	北师大版教材	人教版教材	苏教版教材
（1）除数是整数的小数除法（无余数，不需要补0）	例1：11.5÷5 表征一：转化成整数除法 11.5元＝115角 表征二：单位换算 11.5元＝10元＋1.5元 10元÷5＝2元 1.5元＝15角 15角÷5＝3角＝0.3元 2元＋0.3元＝2.3元 所以，11.5÷5＝2.3（元） 表征三：列竖式	例1：22.4÷4 表征一：单位换算 22.4 km＝22400 m 22400÷4＝5600(m) 5600 m＝5.6 km 表征二：列竖式 商的小数点要和被除数的小数点对齐。	例1：9.6÷3 表征一：单位换算 9.6元是96角。 32角＝3.2元 表征二：转化成整数除法 把9.6元分成9元和6角。 9÷3＝3（元） 6÷3＝2（角） 3元＋2角＝3元2角 3元2角＝3.2元 表征三：列竖式 商的小数点要和被除数的小数点对齐。
（2）除数是整数的小数除法（①有余数，需补0；②被除数不够除，商需用0占位）	例2：18.9÷6 表征一：转化成整数除法 表征二：列竖式 18.9元＝18元＋0.9元 18÷6＝3（元） 0.9元＝90分 90÷6＝15（分）＝0.15（元） 3＋0.15＝3.15（元） 例3：18÷24 计算方式：列竖式	例2：28÷16 表征方式：列竖式 例3：5.6÷7 表征方式：列竖式	例2：12÷5 表征方式：列竖式 例3：5.7÷6 表征方式：列竖式
（3）除数是小数的小数除法	例4：5.1÷0.3 表征一：单位转换 5.1元＝51角 0.3元＝3角 51÷3＝17（分） 表征二：商不变的规律 5.1÷0.3 ＝(5.1×10)÷(0.3×10) ＝51÷3 ＝17（分） 被除数、除数同时扩大到原数的10倍，商不变。 表征三：直观图 表征四：列竖式 例5：5.28÷1.2	例4：7.65÷0.85 表征方式：列竖式 例5：12.6÷0.28 表征方式：列竖式	例4：7.98÷4.2 表征方法：列竖式 例5：1.1÷0.55 表征方法：列竖式

从上表可以看出，三个版本教材中小数除法的学习路径都经历了从"除数是整数的小数除法"到"除数是小数的小数除法"。

在内容（1）中，苏教版教材的启发性更强，北师大版的层次性更丰富一些，这一点主要表现在如何促进除法竖式的理解上。北师大版教材先呈现了基于元角分的背景下除法竖式中每一步的意义，进而抽象为小数意义的背景下除法竖式中每一步的意义。这样的设计使学生对除法竖式的理解经历了由具体到抽象、由特殊到一般，思维的过程是螺旋上升的。

内容（2）的例 2 中，三个版本都十分重视联系小数的意义和性质以及学生已有的计算经验，引导学生弄清楚每一步的计算过程和方法，而北师大版的认知台阶相对平缓，借助单位换算 0.9 元 =90 分，用 90 分除以 6，为"添 0 继续除"找到了现实依据，更有助于学生有层次地建立相关计算方法的理解。

在内容（3）中，苏教版和人教版的处理相对一致，借助商不变的规律，在除法竖式中对除数和被除数进行转化。北师大版呈现了学生可能出现的多样化的解法，而且增加了直观图帮助学生理解。

三、"小数除法"教学思考和建议

（一）创设情境，搭建脚手架

三版教材都很重视学生在情境中学习，这有助于帮助学生借助已有的生活经验，结合自己对内容的理解，进行算理的探究，形成多样化的算理表征形式。这样能够帮助学生经历知识从具体到抽象的过程，而且在课堂中，教师关注学生多样化的算理的理解和表达，也有助于教师评价学生的思维，及时调整教学。

（二）利用多元表征贯通算理表达，使算理逐步走向算法

小数除法的算理理解离不开对"计数单位继续分下去"的理解。算理是抽象的，借助多元表征将元、角、分等模型的直观和算理的抽象建立联系，体会"继续分"的相同本质，即将大单位转化成小单位，使计数单位的数量增加，从而可以继续分下去。

北师大整套教材"乘法分配律"
知识的梳理与启示

吴锐洁

摘要: 乘法分配律在教材的具体呈现方式是渗透与应用;在没有正式学习乘法分配律以前,教材中已经有多处应用,这种"未学先用"的情况非常特殊。因此,教师需要理清整套教材中乘法分配律的知识线;寻找合适的语言表达乘法分配律;要重视理解乘法对减法的分配律和除法的分配律。

关键词: 乘法分配律;教材梳理

作者: 吴锐洁 / 广东省深圳市宝安区西乡小学教师

乘法分配律是非常重要的规律,查阅北师大教材可知,乘法分配律这一内容被安排在四年级上册进行教学,但是在二、三年级中却经常应用乘法分配律,这种"未学先用"的情况非常特殊。本文对整套北师大教材,即一至六年级的教材中有关乘法分配律的内容进行了梳理,试图弄清乘法分配律的"前世今生",以便一线教师更好地教学。

"乘法分配律"这个知识点,在教材中的具体呈现方式可以分成"渗透"和"应用"两种情况。

"渗透"是指在编写教材某一教学内容时,可以不编写与乘法分配律相关的内容,但为了让学生提前接触、感知分配律,编写者会有意编写这方面的内容。比如:进行乘法口诀教学时,可以与分配律无关,但教材有意识地安排了与分配律相关的内容,这就是渗透。

"应用"是指在编写教材某一教学内容时,一定要用到乘法分配律,否则就无法说清运算的道理或者较难进行简便运算。比如,在学习两位数乘一位数时,就一定要应用乘法分配律才能说明算理,这就是应用。

一、渗透与应用

笔者将从渗透和应用两个维度入手,对一至六年级的教材进行梳理,分别阐述各年级中渗透与应用乘法分配律的情况。

（一）一年级

在一年级时，学生还没有学习乘法，教材就出现了"乘法分配律"的渗透。在一年级下册中，教材出现了整十数的加减运算，比如，有"20+30=？""50-10=？"这样的问题。在解决这些问题时，借用小棒模型、计数器和文字说明来解释整十数加减整十数的算理（如图1）。

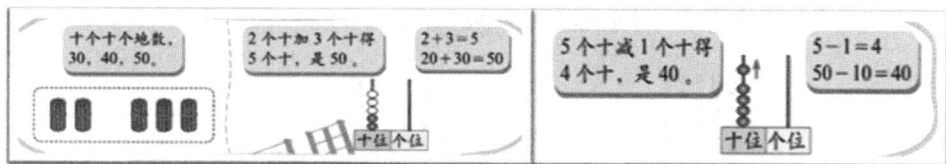

图1　整十数加减整十数（北师大版一年级下册）

事实上，20+30为什么等于50，可以解释为：因为2个十加3个十就是（2+3）个十，是5个十，所以是50。同样50-10=40，也是因为5个十减去1个十，就是（5-1）个十，是4个十，所以是40。这样的说明过程可以使整十数加减法的计算更为严密，同时也渗透了乘法对加法的分配律和乘法对减法的分配律。

（二）二年级

在二年级学习乘法口诀时，教材对乘法分配律做了以下三个层次的安排：

1. 在乘法口诀的记忆中渗透乘法分配律

大家知道，乘法口诀是要求学生记忆的，如何记忆口诀呢？教材给出了一些方法（如图2）。

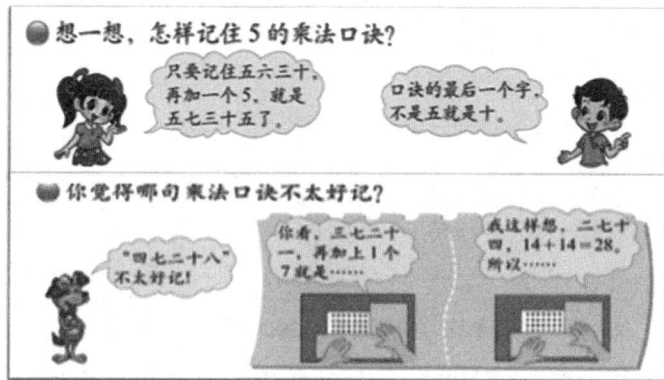

图2　记乘法口诀渗透（北师大版二年级上册）

在图2中，记住五六三十，再加上一个5，就可以知道五七三十五，实际上，6个5加上1个5就是（6+1）个5，也就是7个5，这个过程渗透了乘法分配律。

2. 出现乘法分配律具体算式的雏形

教材中出现了用不同的方法得到 6×7 的结果，结合图示先算 6×5，再算 6×2，然后把两部分加起来，得到 6×7 的结果（如图3）。

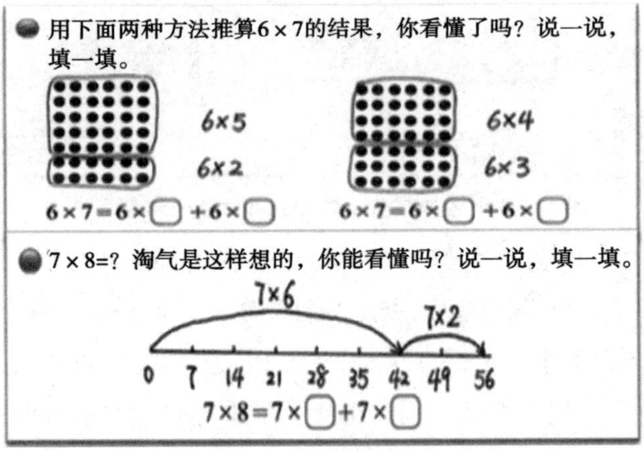

用下面两种方法推算 6×7 的结果，你看懂了吗？说一说，填一填。

6×5
6×2
$6 \times 7 = 6 \times \square + 6 \times \square$

6×4
6×3
$6 \times 7 = 6 \times \square + 6 \times \square$

$7 \times 8 = ?$ 淘气是这样想的，你能看懂吗？说一说，填一填。

7×6　7×2

0　7　14　21　28　35　42　49　56

$7 \times 8 = 7 \times \square + 7 \times \square$

图3　算式雏形（北师大版二年级上册）

从图3中可知，要求学生填一填：$6 \times 7 = 6 \times \square + 6 \times \square$ 以及 $7 \times 8 = 7 \times \square + 7 \times \square$，这些算式都可以看成是乘法分配律的雏形，对学生进一步学习乘法分配律无疑是有帮助的。

3. 拓展练习中乘法分配律的应用

教材中有一些题目是打了"？"的，它不要求所有学生掌握，但对部分优等生要求能够解决这些问题，比如，图4的两个带问号的题目。

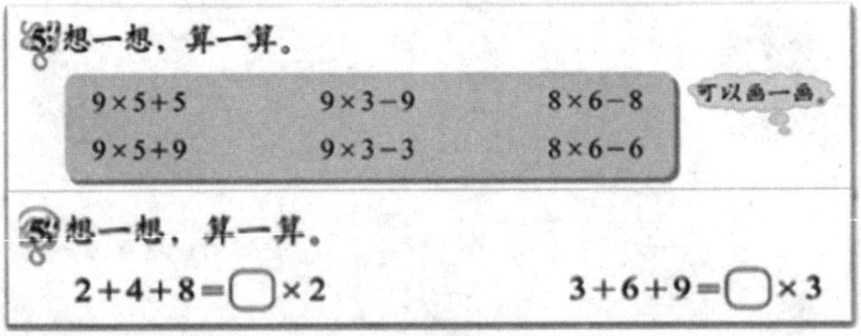

想一想，算一算。

$9 \times 5 + 5$　　$9 \times 3 - 9$　　$8 \times 6 - 8$　　可以画一画。
$9 \times 5 + 9$　　$9 \times 3 - 3$　　$8 \times 6 - 6$

想一想，算一算。

$2 + 4 + 8 = \square \times 2$　　　$3 + 6 + 9 = \square \times 3$

图4　拓展练习中应用（北师大版二年级上册）

从上面的两个题目中，我们可以看到，要学生解决乘加或乘减两步计算的问题，都可以先运用乘法对加法或减法的分配律，再用口诀解决。比如要解决"9×3-9=？"可以转化成"（3-1）×9=2×9"，这样就可以用"二九十八"这句口诀算出结果了；又如"2+4+8=□×2"，需要转化成"2×1+2×2+2×4=2×（1+2+4）=2×7"。在这个过程中，无论用什么样的方法解释，本质上都运用了乘法对加法的分配律。

（三）三年级

在三年级学习两位数乘或除以一位数中，有乘法对加法分配律的渗透与应用，也有除法对加法分配律的渗透与应用。

1.两位数乘一位数中，有乘法对加法分配律的渗透与应用

在两位数乘一位数的乘法中，比如，要计算"12×3=？"，为了把它转化成用已有的知识来解决，就需要把两位数分拆成整十数与一位数相加，即"12=10+2"，分拆后的两个加数分别与一位数相乘，再相加，这个过程实质上是乘法对加法分配律的应用（如图5）。

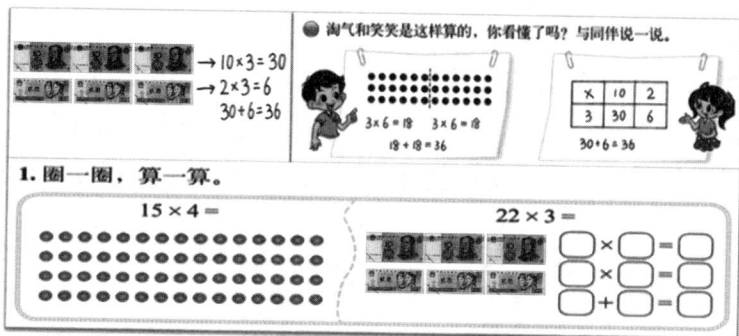

图5 两位数乘一位数中的渗透与应用（北师大版三年级上册）

2.两位数除以一位数中，有除法对加法分配律的渗透与应用

在两位数除以一位数中，与乘法类似，要有一个转化的过程，同样需要分拆，比如，计算"36÷3=？"就会转化成"（30+6）÷3=30÷3+6÷3"，这个过程实质上是除法对加法分配律的应用。图6中的两个问题的解决都用了类似的思路。

图6 两位数除以一位数中的渗透与应用（北师大版三年级上册）

3. 在长方形周长教学中，有乘法对加法分配律的渗透

在长方形周长的教学中，虽然教材没有出示用字母表示的周长公式，但在用多种不同方法解决周长的过程中，渗透了乘法对加法的分配律（如图7）。

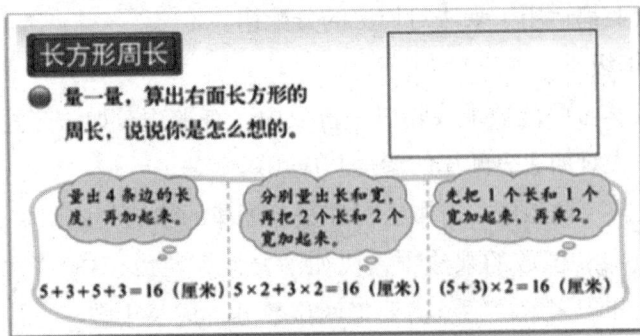

图7　长方形周长中的渗透（北师大版三年级上册）

4. 两、三位数乘一位数的竖式计算，两位数乘两位数的竖式计算中，都有乘法对加法分配律的应用

两位数乘一位数的竖式计算是笔算乘法的开始。图8的"12×4"的竖式计算，实质上是"（2+10）×4=2×4+10×4"，这个过程应用了乘法分配律。在三位数乘一位数、两位数乘两位数的竖式计算中，也都应用了乘法分配律来说明算理。

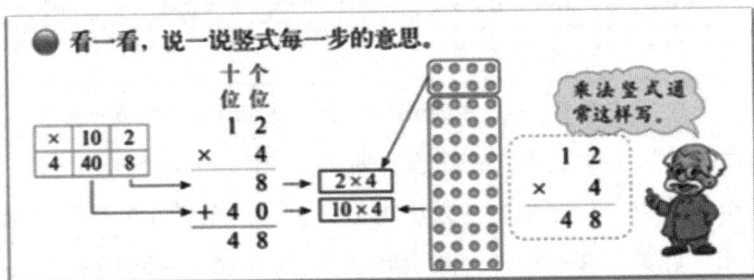

图8　两位数乘一位数竖式中的应用（北师大版三年级上册）

5. 两、三位数除以一位数的竖式中，有除法对加法分配律的应用

在两、三位数除以一位数的竖式计算中，为了说清楚算理，就需要应用除法对加法的分配律。比如，图9中，"888÷6=148"中的148实际上是由"100+40+8"得来的，而"100+40+8"实际上是"600÷6+240÷6+48÷6"，可见这里的确应用了除法对加法的分配律。图9中还运用了直观图，并分步说明除法分配律的应用过程，便于学生理解。

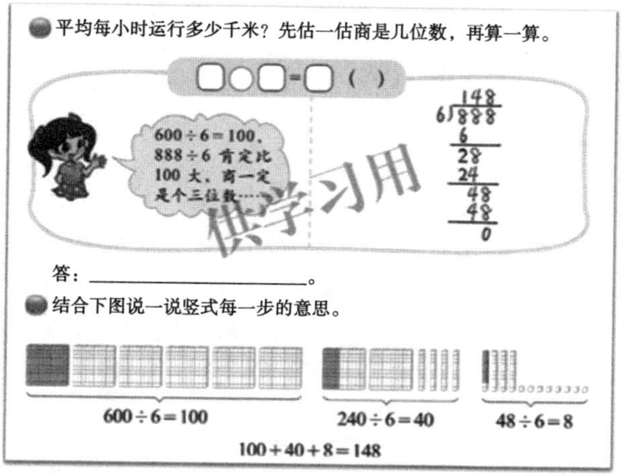

图9　三位数除以一位数竖式中的应用（北师大版三年级下册）

（四）四年级上

教材在四年级上的第四单元正式呈现"乘法分配律"的内容。第三单元学的是三位数乘两位数，在学习三位数乘两位数的竖式中，有乘法对加法分配律的应用，同三年级两、三位数乘一位数的竖式思路基本一致，这里不赘述。下面简单介绍四年级上教材中乘法分配律的内容。

教材创设了一个要求算瓷砖块数的情境，引导学生用多种方法解决问题，进而得到相等的算式（如图10）。

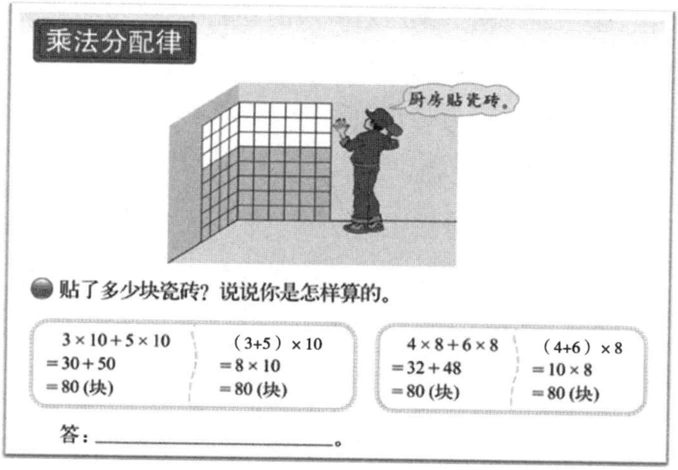

图10　正式学习乘法分配律（北师大版四年级上册）

在得到相等算式的基础上，引导学生观察算式的特点，发现规律，并概括出字母表达式 $(a+b) \times c = a \times c + b \times c$。接着借用点子图说明 $4 \times 9 + 6 \times 9$

表示 4 个 9 加 6 个 9，一共是 10 个 9，同时运用乘法分配律简便计算诸如 $34 \times 72 + 34 \times 28$ 的算式（如图 11）。

图 11　正式学习乘法分配律例题及练习（北师大版四年级上册）

（五）四年级下至六年级下

四年级上正式学习了乘法分配律，从四年级下到小学毕业，都是乘法分配律的应用。具体地说，在四年级下的小数加减法，五年级的小数乘除法、分数加减法、长方形棱长和及表面积计算公式、解方程，六年级的分数混合运算、分数（百分数）应用题、比的应用等内容中，均有乘法分配律的应用。

值得注意的是，在整个教材的编排体系中，只有四年级上正式学习了乘法分配律，且在整个推导出分配律的过程中，用的都是整数，严格地说，这样得到的分配律，应该只适合整数的范围。然而，在小数与分数的四则运算中，多次运用了乘法对加法、乘法对减法的分配律，也多次运用了除法对加法、除法对减法的分配律，那么，乘法分配律是不是在小数、分数范围内也同样成立？对此，教材并没有进行重新推导、重新教学，而是以文字直接说明整数的运算律在小数、分数中同样适用，教师要引导学生解读相应的文字说明，在不断反思中，明晰运算律在小数、分数运算中的运用。

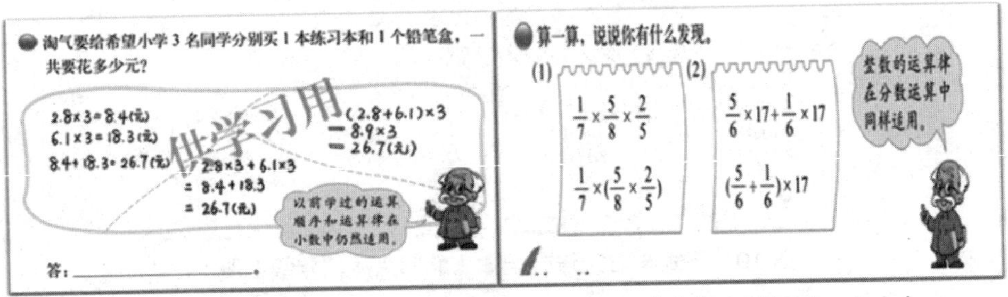

图 12　"乘法分配律"在小数、分数中同样适用（北师大版四下、六上）

经过以上梳理，我们可以看到，乘法分配律（也包括除法分配律）作为运算体系中的重要规律，在整套小学数学教材中的渗透和应用主要体现在以下六个方面的知识中：

1. 加减法：包括整数、小数、同分母分数相加减，体现在相同计数单位和相同分数单位相加减；

2. 乘法：包括乘法口诀，两、三位数乘一位数，两、三位数乘两位数等；

3. 除法：包括两、三位数除以一位数的除法，小数除法等；

4. 应用问题：包括列方程解应用问题（含相遇问题），分数、百分数应用题，比的应用等；

5. 四则混合运算：主要是整数、小数、分数的四则混合运算；

6. 部分几何知识领域：主要是长方形周长、面积、长方体棱长和、表面积等。

二、启示与建议

（一）努力把握乘法分配律的知识线

一线教师要尽量把握教材的整体结构，理清新旧知识之间的联系，理清教材编写者的意图。明确"乘法分配律"这个知识前有在横式、竖式计算中的渗透与应用，后有在小数、分数运算和几何领域中的应用。

（二）运用合适的语言表达乘法分配律

从前文的梳理中，我们可以看到，在正式学习乘法分配律之前，分配律已经有所渗透和应用，由此，用什么样的语言适当地表达出乘法分配律，就成为教师面临的问题。一方面，教师要能够识别出分配律的内容，也就是要对教材中哪里有渗透、哪里有应用弄清楚、想明白；另一方面，要结合具体的教学内容，寻找合适的语言表达。在正式学习之前，特别是在渗透时，常用的、比较好的表达方式是：几个几加几个几合起来是几个几，反之，几个几可以分为几个几加几个几。

（三）要充分认识乘法对减法的分配律的重要性

事实上，不但乘法对加法的分配律是成立的，乘法对减法的分配律也是成立的，而且有着广泛的应用价值。教师应重视乘法对减法的分配律，并让学生能够理解并掌握。

薪火之路

（四）要重视理解除法的左、右分配律

学生在学习乘法对加法的分配律时，是不分左、右分配律的，这是因为乘法运算满足交换律，但由于除法运算不满足交换律，所以它就有了左、右分配律之说。事实上，除法的左分配律是不成立的，也就是 $a÷（b+c）=a÷b+a÷c$ 这个等式不成立，而除法的右分配律 $（b+c）÷a=b÷a+c÷a$ 是成立的。特级教师朱乐平老师认为：在小学探索除法分配律是可行的。建议一线教师在教学中，引导学生理解除法的分配律，从而减少一些题目的出错率。

参考文献

[1] 刘坚，孔企平，张丹．义务教育教科书·数学（1—6年级）[M]．北京：北京师范大学出版社，2014.

[2] 朱乐平．"除法分配律"教学设计及说明 [J]．小学教学（数学版），2020：7-8：55-59.

青岛版教材"乘法分配律"情境研究

吴海燕

摘要：本文通过实证研究，发现面对青岛版教材"乘法分配律"的问题情境时，绝大部分学生有能力提出问题，且提出的问题与乘法分配律相关。在解决问题时，多数学生能够运用两种不同的方法，但列分步算式解决问题的学生较多，这不利于得到等式，从而不利于学生观察、发现乘法分配律。由此，建议在教学中，对学生提出用多种方法、列综合算式来解决问题的要求。

关键词：乘法分配律；情境研究

作者简介：吴海燕 / 广东省深圳市宝安区航城学校教师

一、问题的提出

青岛版教材在教学乘法分配律时，提供了以下的情境（如图1）：

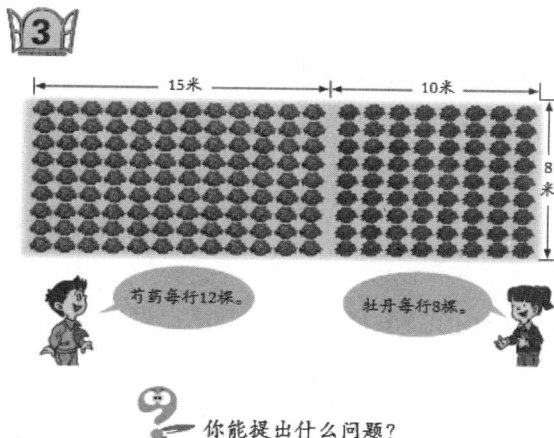

图1 青岛版教材

根据这个情境图，学生会提出哪些问题呢？提出的问题与乘法分配律有关吗？如果有一些问题是与乘法分配律有关的，那么学生有能力列出算式解决这些问题吗？教师希望学生面对一个问题时能用两种不同的方法解决，从而得到相等的算式。比如，面对"两种花一共有多少棵"这样的问题时，希

望学生能够得到 $12×9+8×9=（12+8）×9$ 这样的等式，从而可以进一步观察等式、发现乘法分配律。那么，当学生面对提出的问题时，会用两种不同的方法解决吗？本研究试图通过测试与访谈，即用调查研究的方法来解答以上问题，并给出分析与启示。

二、测试的对象、内容与过程

（一）测试对象

本次测试的对象为深圳市宝安区航城学校四年级 3 班的 50 名学生。这些学生都还没有学习乘法分配律。

（二）测试内容与过程

第一次测试：教师先把教材图片进行彩色打印，并在图片下面写上要求："根据上面图中的信息，你能提出哪些问题？把你能够提出的问题都写出来。"每个学生发一张。做题开始进行时间统计，学生认为自己已经完成解题后，可以看教室投影屏上的电子钟，写出结束时间和自己一共用时多少。

在第一次测试结束后，教师对试卷进行了初步的批改，然后再对学生进行第二次测试。

第二次测试：学生看着教师提供的教材彩色图片，解决以下两个问题：

问题 1：牡丹和芍药一共有多少棵？

问题 2：牡丹和芍药的种植面积一共是多少平方米？（如果你有两种或两种以上的方法，请你都写出来。）

在出示的两个题目中，问题 2 的后面用括号注明了要求。而问题 1 的后面没有注明。

第二次测试没有规定时间，学生认为自己已经完成答题，就可以把答卷交给教师，不需要写出自己解答题目的时间。

三、测试结果与分析

（一）学生提出问题的测试结果与分析

1. 提出问题的数量

50 个学生一共提出了 336 个数学问题，平均每人提出 6.72 个问题，平均每一个学生所用时间为 8.2 分钟，平均每分钟提出 0.82 个问题。从以上数据可以看出，在这样的情境中，学生有能力组织相关的信息，提出合适的数学问题。教材提供了一个合适的提出问题的情境。

2. 提出的问题与乘法分配律的相关性

在这里让学生提出问题的直接目的有两个：一是培养学生提出问题的能力；二是提出一些与乘法分配律相关的问题，以便为下一步解决问题奠定基础。统计表明，在50名学生中，有46名学生，也就是占总数92%的学生提出了与乘法分配律相关的问题，提出了"一共有多少棵花"或者是"牡丹和芍药的种植面积一共是多少平方米"这样的问题，余下的4名学生，也就是占总数8%的学生，未能够提出与乘法分配律相关的问题，说明教材提供的这个情境不但适合学生提出问题，也适合学生提出有关乘法分配律的问题。

（二）学生解决问题的测试结果与分析

1. 解决问题1的测试结果与分析

对学生解决问题1"牡丹和芍药一共有多少棵"的测试结果，从"解答是否正确""解答正确的学生是用一种方法还是用两种方法""解答时是分步计算还是列综合算式计算"三个方面进行统计，结果如表1所示。

表1　学生解决问题1的情况统计表

	正确解答				错误解答
	用一种方法	用两种方法	分步列式	综合列式	
人数	25	19	31	13	6
占总人数	50%	38%	62%	26%	12%

从以上数据可以看出，做错的学生只有6人，占总人数的12%。说明这个问题对于大部分学生来说不难，他们有能力正确解决。有38%的学生可以用两种方法解决问题，这为进一步列出等式、观察发现乘法分配律奠定了基础。但值得注意的是，多数学生是分步计算的，只有26%的学生用了综合算式。这说明多数学生喜欢或者只有用分步计算列式解决问题的能力。而要通过观察算式得到乘法分配律，需要学生列出综合算式。

2. 解决问题2的测试结果与分析

同样对学生解决问题2"牡丹和芍药的种植面积一共是多少平方米"的测试结果进行统计，结果如表2所示。

表2 学生解决问题2的情况统计表

	正确解答				错误解答
	一种方法	两种方法	分步列式	综合列式	
人数	5	31	19	17	14
占总人数	10%	62%	38%	34%	28%

从以上数据可以看出，绝大部分学生不但有能力解决问题2，而且还能够用两种不同的方法解决。这说明问题2的解决可以为乘法分配律的教学提供基础。略显遗憾的是，有19名学生（占总人数的38%），用分步解答的方式解决问题2。

在学生解答完成后，教师对部分学生进行访谈，主要围绕"面对这样的一些信息，容易提出问题吗""解决这些问题感觉难吗"这两个问题展开。对用分步计算的学生进一步提问："为什么用分步计算？"学生的回答是："题目很清晰，容易提出问题。""解决这样的问题不难。""用分步计算的方法表达很清晰，知道每一步算什么。"由此可见，教材创设的这个情境，是一个教授乘法分配律的好情境。

四、启示与建议

通过上面的测试与分析，可以得到如下的启示与建议：

（一）学生在熟悉的数量关系中，有能力提出问题

可以看到，青岛版教材创设的这个情境中，问题的信息很清晰，无论是求两种花一共有多少棵，还是求两种花的种植面积一共是多少平方米，都是告诉了"部分"求"总数"的问题，而对于"部分＋部分＝总数"这样的数量关系，学生从一年级开始就已经学习了，二、三年级的学习中又多次接触，到四年级时学生已经比较熟悉这一数量关系，他们有能力围绕这样的数量关系提出问题。

（二）学生依靠直观图，容易提出问题

从青岛版教材的这个问题情境中可以看到，求"牡丹和芍药一共有多少棵"，类似于数学中的"点子图"的直观图。而求"牡丹和芍药的种植面积一共是多少平方米"，是一个"面积图"。在直观图的提示下，学生容易提出相应的问题。这样的图示，还为解释乘法分配律提供了很好的模型，可以培养

学生数形结合的思想。

（三）要重视培养学生列综合算式解决问题的能力

从上面的测查数据中可以看到，在解决问题1时，有62%的学生用了分步列式的方法，在解决问题2时，有38%的学生用了分步列式的方法，占比都比较高。虽然从解决问题的角度看，分步计算可以解决问题，但在乘法分配律的学习过程中，却要求学生最好列出综合算式，这样有利于观察算式，发现规律。因此，建议教师在教学中加强列综合算式解决问题能力的培养，在乘法分配律教学中，可以要求学生列综合算式解决问题。

（四）要重视培养学生一题多解的习惯

培养学生一题目多解的习惯有利于提升学生的数学能力。在解决问题1时，用两种方法解决的学生数是19人，占总人数的38%，而在解决问题2时，用两种方法解决的学生数是31人，占总人数的62%。为什么用两种方法解决问题2的学生数明显多于问题1呢？这与问题2中"如果你有两种或两种以上的方法，请都写出来"这样的说明有着紧密的关系。也就是说，有些学生是有能力用两种不同的方法解决问题的，但由于题目没有要求，他们只用了一种方法，并没有习惯一题多解。在乘法分配律的教学中，可以要求学生用多种方法解决问题，以便得到相等的算式。

（五）要重视培养学生区分面积与周长的能力

在解决问题2时，做错的学生人数为14人，占总人数的28%。其实对于四年级的学生来说，解决这样一个求面积和的问题，错误率偏高了。在查看学生的试卷时发现，学生做错的主要原因是把求面积的问题，错误地做成了求周长的问题，也就是混淆了面积公式与周长公式。所以，建议教师要重视培养学生区分面积与周长的能力。

参考文献

[1] 山东省教学研究室. 义务教育教科书小学数学四年级下册 [M]. 青岛：青岛教育出版社，2015.

[2] 吕传汉，汪秉彝. 论中小学"数学情境与提出问题"的教学 [J]. 数学教育学报，2006，10（4）：9-14.

学 生 研 究 篇

"分数除法"学习起点的分析

吕佳萍

摘要："分数除法"历来是教学的难点。学生在学习"分数除法"之前已经具备了哪些认知基础？在学习的过程中存在哪些学习难点？本文试图先从一般层面对学生学习起点进行分析，包括认知基础、学习困难和典型错例，再对学生关于"分数除法"的现实认知起点做一次调查分析，得到一个学情分析的真实案例，为教师对本单元的教学提供参考。

关键词：分数除法；学习起点；学情案例分析

作者简介：吕佳萍 / 广东省深圳市宝安区海裕小学数学教师

一、学习起点分析

（一）认知基础

在北师大版教材三年级下册，学生学习了分数的初步认识、简单的分数大小比较和同分母分数的加减运算。在五年级上册学习了分数的意义、分数的基本性质以及约分、通分等相关知识。在五年级下册的第一、第三单元中，学生已经学习了异分母分数加减法及分数乘法与倒数相关的知识。

学生在前面的学习过程中积累了分一分、折一折、涂一涂等实物操作经验，并能利用实物模型或面积模型进行分数加减法计算、分数乘法计算。

（二）学习难点

1.分数除法意义理解的学习难点

对于分数除以整数的意义，学生容易从"等分除"的角度理解，即已知总数和平均分的份数，用除法计算每份是多少，俗称"等分除"，如北师大版五年级下册 P55 例 1 给出的就是此类的情境。

但是"等分除"对于除数是分数的除法是说不通的。分数除法虽然不适用于"等分除"，但是可以很方便地使用"包含除"，即已知总数和每份是多少，求总数里包含多少份。以北师大版五年级下册 P57 例 1 为例：

●把一张纸的 $\frac{4}{7}$ 平均分成2份，每份是这张纸的几分之几？

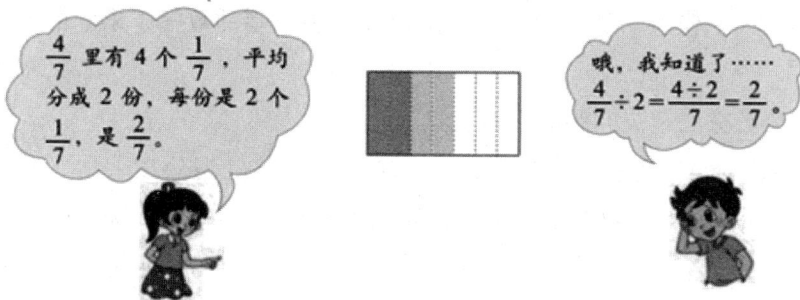

$\frac{4}{7}$ 里有4个 $\frac{1}{7}$，平均分成2份，每份是2个 $\frac{1}{7}$，是 $\frac{2}{7}$。

哦，我知道了……
$\frac{4}{7} \div 2 = \frac{4 \div 2}{7} = \frac{2}{7}$。

图1 北师大版教材例题

●填一填，说一说。

4张同样大的饼 ○○○○，

每2张一份，□□□□ 可分成几份？ $4 \div 2 =$ _____（　）

每1张一份，□□□□ 可分成几份？ $4 \div 1 =$ _____（　）

每 $\frac{1}{2}$ 张一份，◑◑◑◑ 可分成几份？ $4 \div \frac{1}{2} =$ _____（　）

每 $\frac{1}{3}$ 张一份，⊛⊛⊛⊛ 可分成几份？ $4 \div \frac{1}{3} =$ _____（　）

图2 北师大版教材例题

此题创设了一个分饼的活动，教师先引导学生结合分饼的过程与结果的图示，进一步理解除数是分数的除法的意义，如 $4 \div \frac{1}{2}$ 就表示有4张饼，每 $\frac{1}{2}$ 张为一份，可以分成多少份。再让学生独立根据面积模型算出结果，学生结合图形能看出4里面包含了8个 $\frac{1}{2}$，也就是 $4 \div \frac{1}{2} = 4 \times 2 = 8$；4里面包含了12个 $\frac{1}{3}$，也就是 $4 \div \frac{1}{3} = 4 \times 3 = 12$。

2.\"分数除法\"计算的学习难点

在分数乘法之后学习分数除法给学生的学习造成了记忆干扰，学生在分数除法计算时，可能记错法则，直接运用分数乘法的计算方法来计算，也可能同时将被除数和除数的分母与分子颠倒并相乘。

究其原因，学生对分数除法的计算方法只停留在记忆水平，并不理解

"除以一个不为零的数等于乘它的倒数"的含义。教师在教学中，要充分利用长方形的面积模型，加深学生对"除以一个不为零的数等于乘它的倒数"的认识。

3. 分数除法解决问题的学习难点

分数除法应用题是本单元的一大难点，尤其是当分数乘法、分数除法同时出现时，学生难以根据数量关系找出它们的联系与区别，因此容易混淆。教材为了突破这个难点，鼓励学生用方程解决分数除法的问题。在教学时，教师要注重学生对数量关系的分析，找准等量关系是用方程解决问题的关键。

4. 典型错例

错例（1）

先画一画，涂一涂，再用算式表示结果。把长方形阴影部分平均分成5份，每份是多少？

【错例分析】对于分数除以整数，当被除数的分子不能被整数整除时，图形并不好画，学生难以实施。在教学时，教师可以让学生利用长方形纸折一折，再画一画、涂一涂，要给学生充分的动手操作的机会。

正确解法：

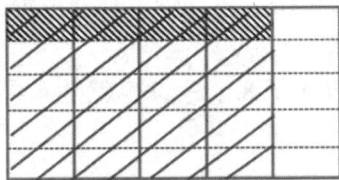

错例（2）

$$\frac{5}{7} \div \frac{7}{5} = 1$$

【错例分析】学生受分数乘法的影响，直接先进行约分，再相除。而在分数除法中，需要将除法转化为乘法进行计算，除数的分子与分母需互换位置。由此可见，学生并没有真正理解"除以一个不为零的数等于乘这个数的倒数"这句话。在教学时，教师应充分利用几何直观，引导学生进一步理解分数除法的运算法则。

正确解法：

$$\frac{5}{7} \div \frac{7}{5} = \frac{5}{7} \times \frac{5}{7} = \frac{25}{49}$$

错例（3）

一头小鹿早上喝了 2L 水，是全天饮水量的 $\frac{2}{5}$，这头小鹿一天喝多少 L 水？

$$2 \times \frac{2}{5} = \frac{4}{5} \text{（L）}$$

【错例分析】在分数应用题中，学生很容易分不清该用乘法还是用除法解决问题。在解决类似"已知整体的几分之几是多少，求整体是多少"的问题时，教师应鼓励学生找到等量关系并列方程解答。

正确解法：

解：设这头小鹿一天喝 x L 水。

$$\frac{2}{5}x = 2$$
$$x = 5$$

或 $2 \div \frac{2}{5} = 5$（L）

错例（4）

食堂买来 30 kg 青菜，吃了 $\frac{3}{5}$。吃了多少 kg？

$$30 \div \frac{3}{5} = 50 \text{（kg）}$$

【错例分析】学生不能理解题意，容易出现乘法应用题干扰错误。这是一道"求整体的几分之几是多少"的问题，应该用乘法来计算。这道题出现在分数除法单元，学生出现思维定式，没有理清题目中的数量关系，不能选择正确的方法。在教学时，教师要引导学生整理与复习分数乘法和分数除法这两个单元的知识点，在沟通与联系的过程中梳理解决问题的思路与方法。

正确解法：

$$30 \times \frac{3}{5} = 18 \text{（kg）}$$

错例（5）

根据信息写出等量关系：一件衣服现价比原价降低了 $\frac{6}{11}$，降低了24元。

$$衣服现价 \times \frac{6}{11} = 24 元$$

【错例分析】学生找错了单位"1"，搞不懂降低了谁的 $\frac{6}{11}$。对于学生来说，理解单位"1"存在较大的困难。而在用分数解决问题中，找到单位"1"是解题的关键。在教学时，教师要让学生深刻理解"现价比原价降低了 $\frac{6}{11}$"的意思是"现价比原价降低了原价的 $\frac{6}{11}$"。教师也可以进一步引导学生画线段图加深理解。

正确解法：

$$衣服原价 \times \frac{6}{11} = 24 元$$

错例（6）

把 $\frac{3}{4}$ 米长的绳子平均分成6段，每段长（　　）米，每段是全长的（　　）。

【错例分析】学生可以根据除法的意义正确地求出"每段长 $\frac{1}{8}$ 米"，但是不理解这两空的区别。第一空求的是每一段的具体数量，用 $\frac{3}{4}$ 米除以6就能得出结果 $\frac{1}{8}$ 米。而第二空求的是每一段与整体的关系，也就是应该将 $\frac{3}{4}$ 米长的绳子看作单位"1"，将它平均分成6段，那么每一段就是原来的 $\frac{1}{6}$。在教学时，教师应该引导学生明晰带单位分数和不带单位分数的区别，理清分率和数量的本质区别。还可以让学生画图或找一根绳子，动手操作，这样理解起来就更容易了。

正确解法：把 $\frac{3}{4}$ 米长的绳子平均分成6段，每段长（ $\frac{1}{8}$ ）米，每段是全长的（ $\frac{1}{6}$ ）。

二、学情案例分析

（一）调查设计

我们从 S 市 B 区某小学五年级选取了 2 个班的学生进行问卷调查，总人数是 95 人。考虑到五年级学生已具备独立思考的能力，因此采用问卷调查法，由学生独立完成，其间教师不做任何提示。调查题目如下：

下面的"分数除法"你会算吗？试试看吧！请试着用画图或文字表述的方式说明这样算的道理（尽量写出计算过程）

问题 1：$\frac{4}{5} \div 2$

问题 2：$\frac{4}{5} \div 3$

问题 3：$4 \div \frac{1}{3}$

问题 4：$\frac{3}{4} \div \frac{5}{8}$

在北师大版教材中，"分数除法"编排在五年级下册的第五单元，为了更客观地获得调查结果，我们在第四单元的教学完成后就进行了调查活动。

（二）结果统计与分析

问卷调查后，我们进行了数据分析和统计，并从以下两个维度进行分析。

表 1　学生计算正确情况统计表

	问题 1	问题 2	问题 3	问题 4
计算正确的人数	75	40	30	25
所占百分比	78.9%	42.1%	31.6%	26.3%

表 2　学生计算策略运用情况统计表

	问题 1	问题 2	问题 3	问题 4
运用"平均分"计算	73.3%	15%	13.3%	0%
运用"乘除法互逆关系"计算	1.3%	0%	13.3%	0%
运用"分数与除法的关系"计算	0%	2.5%	0%	4%
运用"分数转化为小数"计算	24%	45%	0%	48%
运用"通分法"计算	0%	15%	20%	40%
运用"颠倒相乘"计算	1.3%	22.5%	53.3%	8%

1.学生计算情况分析

从表1我们可以看出，问题1计算正确的百分比最高，可见该类型的分数计算题学生较容易掌握。问题2有近一半的学生能正确计算，看来对于分数除以整数的计算学生是可以选择可理解的方法来完成的。问题3计算正确的人数比较少，原因在于本题的化成小数是个循环小数，一个整数除以循环小数学生不会计算，可见整数除以分数（分数不能化成不循环小数）的计算对学生来说也是比较困难的。问题4计算正确的百分比是最低的，原因在于本题的被除数与除数都是分数，学生无法理解其意义，感到困难。

综上所述，我们认为，五年级的学生对于分数除法计算已经具备了一定的认知经验，他们能够独立思考和尝试探索。

2.学生计算策略运用的情况分析

那些计算正确的学生，究竟运用了哪些办法来尝试计算呢？对此，我们通过整理、分类，把学生在计算时运用的方法分为六类，具体情况如表2。

从表2中，我们发现学生在解决分数除法计算时会主动利用已有的知识和经验来帮助自己完成计算，学生呈现出的策略多样，思路丰富。

对于问题1，约有73.3%的学生运用"平均分"的知识来计算，如：

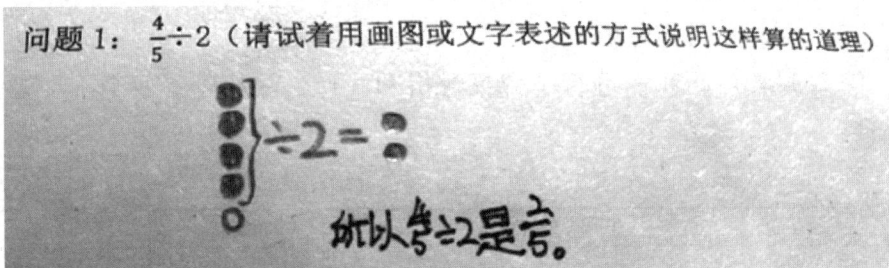

图3　学生作品

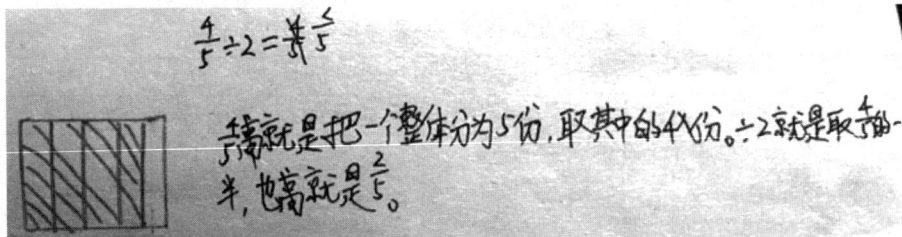

图4　学生作品

约有24%的学生会运用"分数转化为小数"的方法进行计算，如：

问题1: $\frac{4}{5} \div 2$（请试着用画图或文字表述的方式说明这样算的道理）

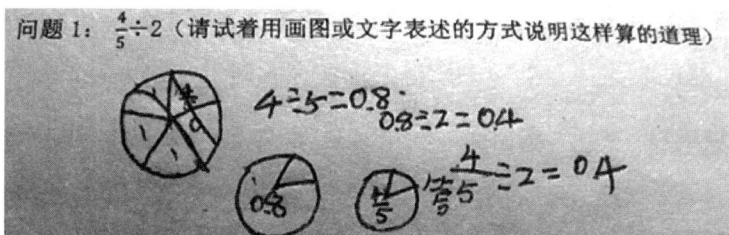

图5 学生作品

相比较而言，计算正确的学生大部分是运用以上两种方法，只有少数学生运用"乘除法互递关系"和"颠倒相乘"的方法计算。原因在于学生比较容易运用除法的意义和转化的思想来完成计算。因为学生将整数除法的意义迁移到分数除以整数的意义上是比较容易的。而本题中的 $\frac{4}{5}$ 可以转化成小数0.8，学生也能利用小数除法的知识算出结果。

问题2虽然也是分数除以整数，但运用"平均分"的方法进行计算的学生明显减少，运用"分数转化为小数"进行计算的学生人数大幅增加，占比为45%。运用"通分法"和"颠倒相乘"进行计算的学生人数占比有所增加，分别为15%和22.5%。因为 $\frac{4}{5} \div 3$ 不能像问题1那样直接运用直观模型进行思考，把 $\frac{4}{5}$ 平均分成3份，学生很难想象。但是，学生通过自己的思考，利用分数的基本性质将被除数的分母、分子化成3的倍数，就转化成了问题1的类型，如：

问题2: $\frac{4}{5} \div 3$（请试着用画图或文字表述的方式说明这样算的道理）

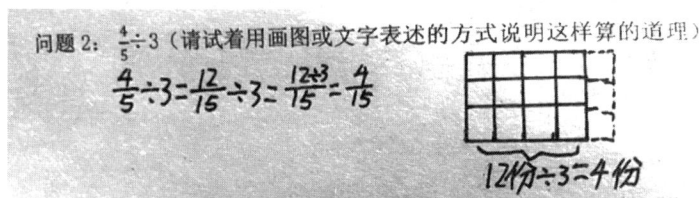

图6 学生作品

问题2: $\frac{4}{5} \div 3$（请试着用画图或文字表述的方式说明这样算的道理）

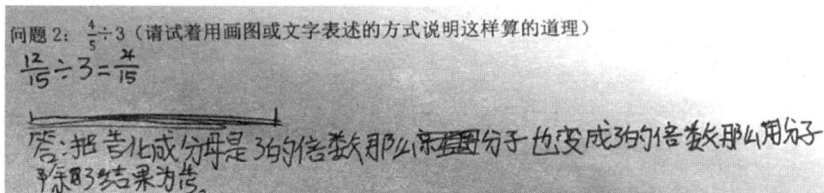

图7 学生作品

问题 3 中运用"颠倒相乘"的方法进行计算的学生人数超过一半，占比为 53.3%。有的学生甚至能够画图说明这样算的理由，如：

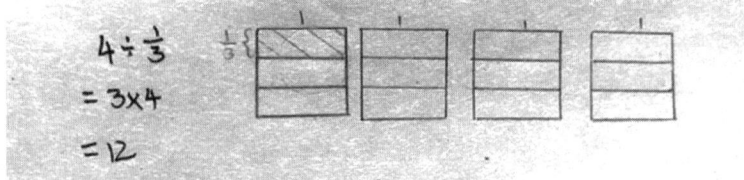

图 8　学生作品

运用"乘除法互逆关系"计算的人数比前两题多，主要是因为此题中的除数是一个单位分数，学生更容易口算，如：

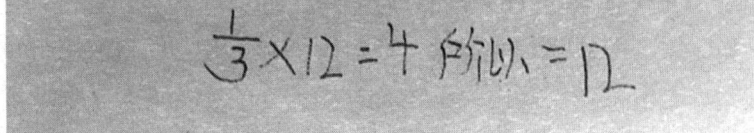

图 9　学生作品

对于问题 4，学生主要运用"分数转化为小数"和"通分法"这两种方法，如：

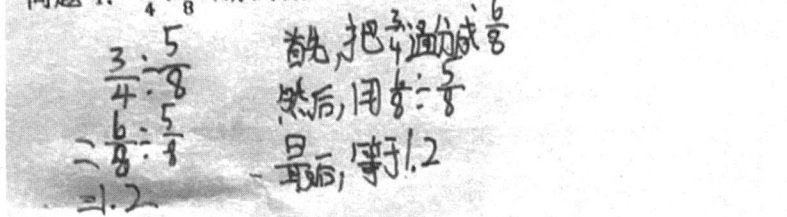

图 10　学生作品

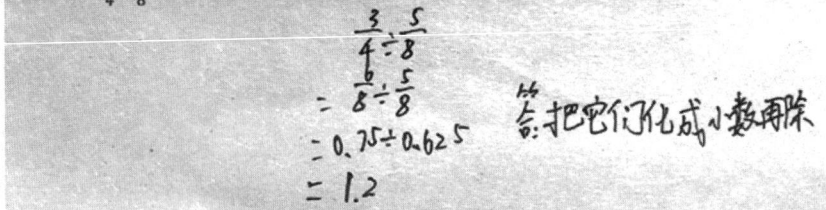

图 11　学生作品

综上所述，学生在进行分数除法计算时，主要是根据被除数和除法的特点来联系已有的知识进行计算的。我们还发现了在后面 3 个问题中，使用"平均分"方法的学生大幅减少，可见通过"平均分"帮助学生理解分数除法的算理是有一定困难的。"分数转化为小数"这种方法并不通用，存在一定的局限性。学生受分数加减法的影响，比较喜欢运用"通分法"来计算。

参考文献

[1] 刘坚，孔企平，张丹. 义务教育教科书数学教师教学用书. 五年级下册 [M]. 北京：北京师范大学出版社，2014.

[2] 刘坚，孔企平，张丹. 义务教育教科书. 数学. 五年级下册 [M]. 北京：北京师范大学出版社，2014.

[3] 张奠宙. 小学数学教材中的大道理：核心概念的理解与呈现 [M]. 上海：上海教育出版社，2018.

[4] 葛敏辉. 理解视域下"分数除法"计算教学认知起点的调查分析 [J]. 小学数学教师，2018（03）：32-37.

薪火之路

精准前测　找准学生学习起点

——以"确定位置"为例

朱伟林

摘要: "确定位置"是"图形与位置"板块内容之一,无论是培养学生的空间观念还是数学联系生活方面,这一内容都起着举足轻重的作用。本文试图通过对北师大教材关于"图形与位置"板块的编排进行梳理,结合精准前测情况以及对前测的分析,找准学生学习这一内容的学习起点,为教材对这一部分的整体编排提供适切的建议。

关键词: 前测;学习起点;单元整体教学

作者: 朱伟林 / 广东省深圳市宝安区第二学区小学数学教研员

一、教材相关内容编排及前测

北师大版五年级下册的"确定位置"是图形与几何领域中"图形与位置"板块的内容。关于空间观念,新课标指出:"想象出物体的方位和相互之前的位置关系。"而想象出物体的方位和相互之间的位置关系与现实生活密切联系,也是个体对空间把握能力的一个具体的体现。可以说,对方位的感知和图形相互之间位置关系的把握,是表现学生空间观念的一个重要方面。因此,"图形与位置"这一板块的内容无论是在培养学生的空间观念方面,还是在数学联系生活方面都起着举足轻重的作用。通过分析北师大教材关于"图形与位置"板块的编排(表1),我们可以发现:

表1　北师大版教材关于"图形与位置"板块的编排情况

册别	图形与位置
一上	认识上下、前后、左右
二下	1. 辨认东、南、西、北四个方向 2. 了解东南、东北、西南、西北
四上	1. 在方格纸上用数对确定位置 2. 描述简单的路线图
五下	1. 根据方向与距离确定位置 2. 自建参照系确定位置

在一、二年级主要用"上下、前后、左右"以及"东、南、西、北"等描述一维空间物体的相对位置和绝对位置。四年级则在方位的基础上，描述简单的路线图，进一步用数对表示物体的位置以及根据参照点的方向和距离定量刻画物体的位置。其中，根据方向与距离以及自建参照系确定位置是小学阶段最后一次学习与"图形与位置"相关的内容，那么在学习本知识前学生的已有水平达到什么程度？学生在学习过程中会遇到哪些困惑？教材的编写是否有利于拓宽学生的思维空间？带着这些思考，笔者设计了一道较为开放又生活化的问题（图1）对学生进行前测，以便了解学情，优化教学设计。

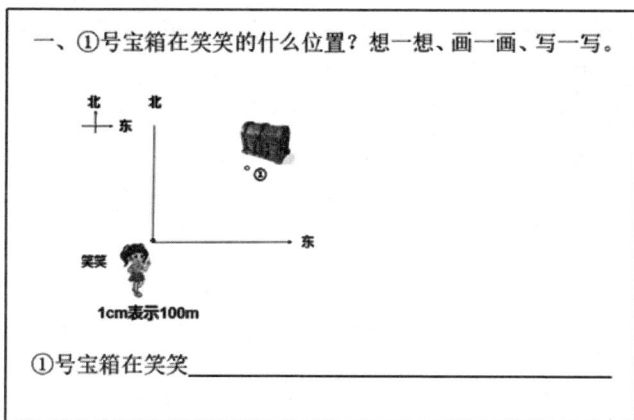

图 1　学生前测题目

二、前测结果统计和分析

本研究选取学区内一所中等水平学校五年级两个班共 96 名学生作为前测对象，要求学生 10 分钟内独立完成题目。笔者对前测做了整理和统计，并进行了分析（表2）。

表 2　学生前测情况统计

思维层次	只写大概方位	只写距离	大概方位和距离	大概方位、角度和距离
人数（百分率）	10（10.4%）	2（2.1%）	70（72.9%）	14（14.6%）

统计发现，由于已经学过用东、南、西、北来描述位置，因此有 10.4% 的学生只写了"东北方向"这种大概的方位来描述物体的位置（图2）。有 2.1% 的学生受到 1cm 表示 100m 的影响，直接用"宝箱在笑笑的 300 米"这种一维方式来描述物体的位置。有 72.9% 的学生意识到用"东北方向 300

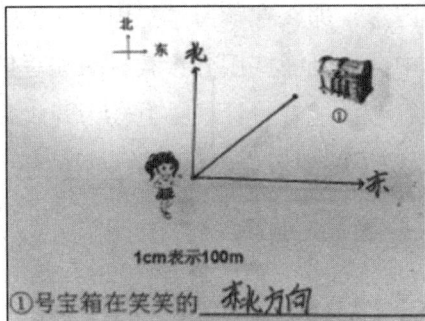

米"这种大概方位和距离来描述物体的位置（图3）。大约有 14.6% 的学生意识到用"东北方向40度300米"这种方位、角度和距离相结合的方式来描述物体的具体位置（图4）。统计结果说明：大部分学生已经意识到用方位和距离来描述物体的具体位置，但描述的规范性有待提高。

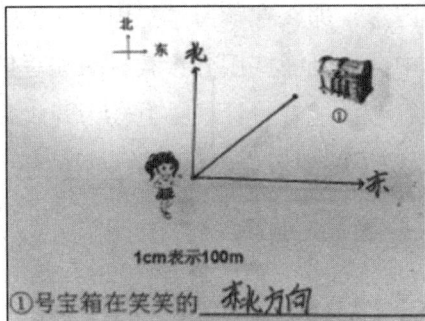

图2 学生做法一

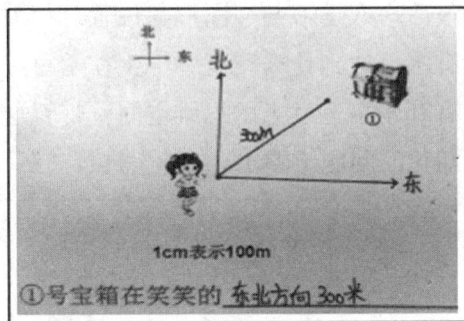

图3 学生做法二

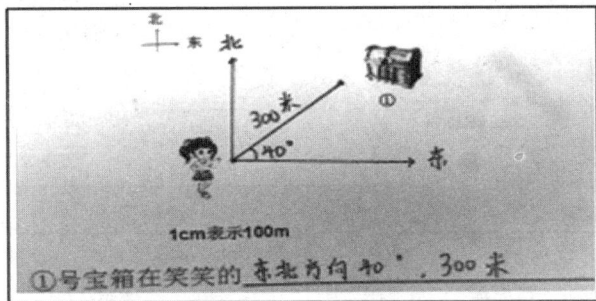

图4 学生做法三

为了进一步理解学生的想法，使思维可视化，笔者对不同做法的学生进行了个人谈话，具体如下：

只写大概方位型：

师：宝箱在笑笑的东北方向，说说你是如何想的？

生：这个宝箱在东和北方向之间，所以是东北方向。

师：那如果宝箱在这个位置怎么表示？（手指宝箱旁边位置）

生：也在笑笑的东北方向。

师：那这种描述可以帮笑笑快速找到宝箱吗？

生：哦（学生支吾不语）。

大概方位和距离型：

师：宝箱在笑笑的东北方向 300 米，说说你是如何想的？

生：这个宝箱在东北方向，其中 1cm 表示 100m，我量了一下有 3cm，所以是 300 米。

师：那这种描述除了可以表示宝箱位置，还可以表示其他位置吗？

生：好像还可以表示其他位置，只要在东北方向量 3cm 都可以。

师：那这种描述能快速找到宝箱吗？

生：（支支吾吾）好像不行。

师：那你觉得还要加上什么才可以？

生：（思索片刻）应该是角度。

写大概方位、角度和距离型：

师：宝箱在笑笑的东北方向 40 度 300 米，说说你是如何想的？

生：首先这个宝箱在东北方向，然后量了这个角 40 度，其中 1cm 表示 100m，我量了一下有 3cm，所以是 300 米。

师：那这种描述能快速找到宝箱吗？

生：应该可以。

师：这个位置有没有可能也是东北方向 40 度 300 米？（手指靠近北 30 度的位置）那你觉得还要加上什么才可以？

生：（恍然大悟）也可以，哦，我知道了。

三、前测结果的教学启示

（一）学生已初步具有用方位和距离描述物体位置的生活经验

从学生前测可以发现，85.4% 的学生根据已有的水平和认知经验意识到用方位和距离来确定物体的位置，有 12.5% 的学生由于受到已有知识迁移的影响，只用了单一方位或距离来确定物体的位置。通过谈话发现，事先没有意识到用方位和距离来确定物体位置的学生，经过教师启发式的引导和追问，能够意识到用方位和距离来描述物体的位置，充分说明学生能够通过自主探究、合作交流、归纳总结的学习模式获得知识和掌握技能，并在此过程中了解知识的来龙去脉，积累做数学活动的经验并感悟其中蕴含的数学思想。

（二）学生不能用规范的数学语言表达物体的方向和距离

从学生前测结果我们还可以看到：学生虽已学过用数对来描述平面上物

体的位置，生活中也有用类似往前走多少米然后向右走多少米的表述方式，但真正用规范的数学语言来描述平面上物体的位置还是第一次，导致很多学生的描述生活味较浓，规范性有待提高。如学生用"东北方向以东为基准的40度300米""东北方向""从东到北的40度距离300米"（图5）等等生活化的语言来描述物体的位置，意识不到角度该如何描述。

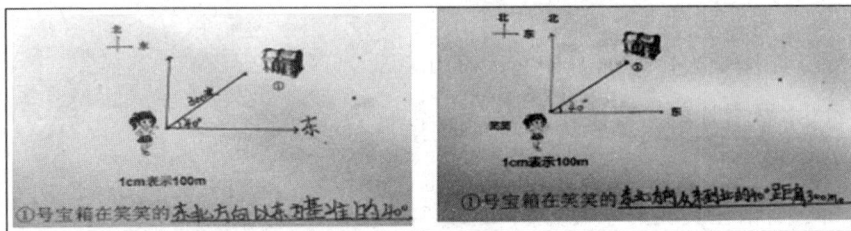

图5　学生作品

（三）对教材编排的建议

通过上述分析我们发现，只要通过简单的引导，绝大多数学生都能够体会到用方向和距离确定位置的必要性。因此，如果在教学中先对"根据方向和距离确定位置"这一内容进行教学，让学生了解到可以借助方向板来确定平面上点的位置，之后再引导学生自建参照系确定位置，势必会大大降低"确定平面图中任意两地相对位置"这一任务的难度，也在一定程度缩小了学生的思维空间，不利于学生体验到用方向和距离确定位置的必要性。那么，基于我们对于学情的了解，如何利用已有的认知和生活经验让学生在教师指导下经历对"根据方向和距离确定位置"这一内容进行"再创造、再建构"的学习过程呢？为达成这一设想，笔者进行了尝试，并取得了较为理想的教学效果，即把探索任务前置，在本单元的第一课时，通过"寻宝游戏"引导学生开展主题探究，让他们基于已有认知思考与探索如何"根据方向和距离确定位置"；在第二课时，对平面上确定位置的两种方法进行梳理与比较，让学生了解这一知识产生的来龙去脉，深化对学习内容的理解。因此，笔者对本单元的课程内容进行适当的整合，具体如下：

第一课时（主题探究）：

问题情境（图6）：笑笑参加一项寻宝达人的游戏，在她面前有3个宝箱，她想先去寻找①号宝箱。

问题1：你能告诉她①号宝箱在她的什么位置吗？请你想一想、画一画、写一写。

意图：通过学生喜闻乐见的游戏情境，引出"如何确定位置"这一核心问题，并通过这一核心问题引发学生独立思考、自主探究，从而呈现出不同层次的思维水平，为后面探究用方向和距离确定位置的方法做好铺垫。

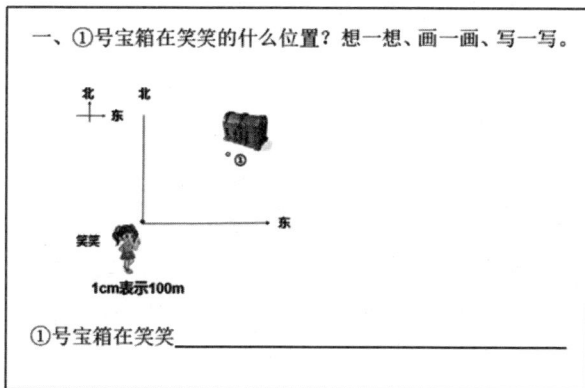

图 6　问题情境图

问题2：这些描述（图7）能帮笑笑快速找到①号宝箱吗?

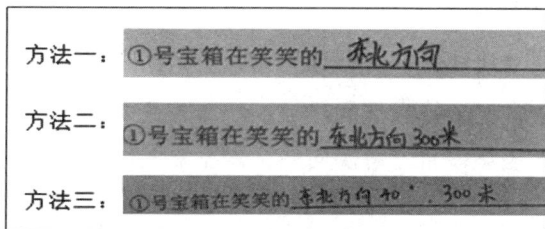

图 7　学生作品

意图：根据学生已有的认知水平和活动经验，会出现以上（图7）不同的思维层次，通过交流汇报，学生意识到方法一和方法二描述物体位置的不准确性。但对于方法三，大多数学生认为可以快速帮助笑笑找到①号宝箱，此时可以进行同桌交流或集体讨论，从而得出方法三表示的是两个点的位置，并不一定描述的是①号宝箱所在的位置，进一步激发学生进行再次探究和自我完善。

问题3：这些描述（图8）可以更简洁一些吗?

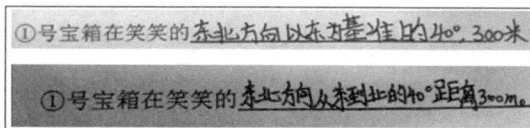

图 8　学生作品

意图：通过再次探究，学生理解到如何描述物体的准确位置，受已有的认知活动经验的影响，学生的描述都太过生活化。通过此问题旨在引导学生用东偏北这种简洁、规范的数学语言来描述物体的准确位置。

问题4：①号宝箱在笑笑的北偏东50度，300米（图9），这种描述对吗？

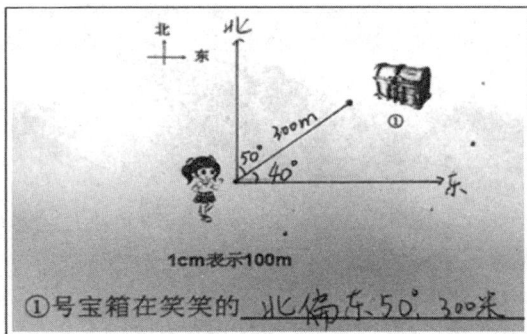

图9　学生作品

意图：让学生从不同角度体会描述物体位置的方法，进一步加深对于利用方向和距离两个条件可确定物体位置的理解。

第二课时（主题深化）：

问题1：这两种描述方法（图10）的区别与联系是什么？

意图：通过两种方法的梳理和比较，学生体会到两种方法之间的区别与联系，进一步启发学生从多角度解决问题，体会确定物体位置方法的多样性。

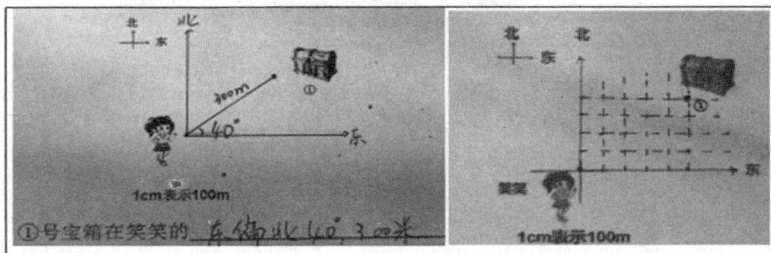

图10　两种描述方法比较

问题2：请举例说一说，这两种确定物体位置的方法在生活中的应用。

意图：进一步理解两种方法之间的区别与联系，让学生了解这一知识产生的来龙去脉，深化对学习内容的理解。

问题3：如果笑笑取了①号宝箱，那么她想回到起点（图11），该怎么描述？

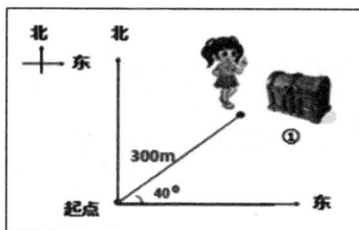

图 11

意图:"笑笑回到起点该怎么描述"这一核心问题,让学生体会到当观测点不同时,描述结果的区别与联系,体验确定位置的相对性。

巩固练习(图12)

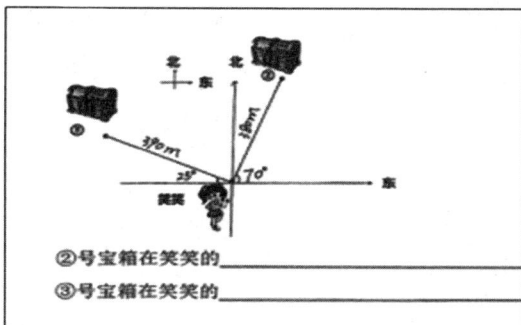

②号宝箱在笑笑的_____

③号宝箱在笑笑的_____

图 12

意图:通过练一练,对所学知识与技能进行进一步巩固和训练,增强知识的应用意识,感受数学与生活的密切联系。

"面积"单元教学前测与后测的设计与调查分析

卓 汶

摘要: 教学前测及后测是获得学生真实学习情况的一种重要方式。在学习面积单元时，通过前测调查，我们发现实验班和非实验班大部分学生都已认识了面积，但度量观念较为薄弱；而通过对后测的调查与分析，我们发现实验班的学生由于在课堂上经历了度量面的过程，所以比非实验班的学生更容易找到度量角和长方体的基本方法。本文基于实验班和非实验班的前测和后测的数据对比，对"面积"单元提出三点教学建议：重新调整课时；建立纵横联系；重视度量体验。

关键词: 单元整体教学；面积；前测；后测；度量

作者简介: 卓汶 / 广东省深圳市宝安区蚝业小学教师

"面积"单元是北师大版数学三年级下册"图形与几何"领域中"测量"方面的内容。学生在学习"面积"之前对它的认识有多少？以前学习了测量的相关知识，学生是否有度量意识？每个学生都是一个独立的个体，他们在学习"面积"单元时存在的差异有多大？同时，从单元整体教学的角度上看，学生学习完长方形面积，能否将学习的方法与思想迁移到"角"和"体"上？基于以上的思考，我们设计了前测及后测卷，试图了解学生的学习起点和学习需要，掌握真实的学情，整体评估学生的认知水平及学习效果，从而找准教学起点，优化教学方式与过程，制定出科学、合理、有效的教学方案。

一、前测及后测的基本情况

前测时间：2021 年 3 月 2 日。

前测节点：所有参加测试的三年级学生均未进行"面积"单元的教学。

前测对象：基于单元整体教学的实验班（以下简称"实验班"）和非基于单元整体教学的非实验班（以下简称"非实验班"）各 51 名学生，两个班级均为同一位授课老师，且班级整体水平相近。四年级 20 名学生。

前测方式：笔试，部分学生参加访谈。

后测时间：2021 年 4 月 13 日。

后测节点：所有参加测试的三年级学生均已进行"面积"单元的教学。

后测对象：实验班和非实验班各 51 个学生。

后测方式：笔试，部分学生参加访谈。

二、前测及后测数据分析及设计意图

对三年级实验班和非实验班学生分别进行测试，发放前测及后测卷各 102 份，全部回收，全部有效；访谈 47 人次；经过整理、归类、统计，得到以下数据，分析如下：

（一）前测题 1

前测题 1 【我会区分】下面的生活现象有什么不同。

用涂料刷墙面　　　　用栅栏围菜地

请用描一描，涂一涂或写一写的方法，将它们的区别表示出来。

表 1　前测题 1 基本数据

能否区分	具体形式	人数 / 个	百分比 /%	典型示例
正确区分	描涂	69	67.6	
	描述	3	2.9	
只正确表示面积		5	4.9	
只正确表示周长		12	11.8	
无法区分	错误	7	6.9	
	空白	6	5.9	

【数据分析】

1. "面积" 未学已先知

学生虽未真正学习 "面积" 的知识，但约 75% 的学生已能初步识别面积。之所以能有这么高的识别率，主要有以下两个原因：

（1）低年级数学教材中有所渗透，如二年级下册第六单元 "长方形与正方形" 中的课后练习题："用一张长 12 厘米，宽 8 厘米的纸折正方形，最大的正方形的边长是多少厘米？" 题目中的 "最大" 其实已经包含了面积的意义。

（2）面积在生活中随处可见，如学生在表达 "我家的房子比你家的房子小" "我的手掌比妹妹的手掌大" 时，就可以看出学生对面积已经有了一定的直观感受。

2. 测量过程易混淆

在解决周长与面积的实际问题时，学生容易混淆，但我们意外地发现，约有 70% 的学生能正确区分前测题中关于周长与面积的实际问题。于是，我们随机对四年级的 20 名学生进行关于周长与面积公式的访谈，只有 11 名（55%）学生能同时正确表达，而这 11 名学生中只有一名学生能讲清周长和面积计算公式的推导过程。根据测试，我们较清楚地认识到，学生最大的问题不是对实际问题的理解，而是对计算公式的运用，即对测量过程的掌握，如误用 "长 × 宽" 来求周长，用 "（长 + 宽）× 2" 来算面积；或者只会套用公式计算面积或周长，但却不明白背后的道理。

【设计意图】 本题主要是了解学生是否能区分面积与周长。同时，题目以间接的方式给出信息，主要是了解学生对提取与转化信息的能力。

（二）前测题 2

前测题 2 **【我会比较】** 线段有长短，表面有大小，你会比较吗？

（1）我会用生活中的物品来比较 "面" 的大小

我是这样比较的：

（2）我会用数学中的图形来比较 "面" 的大小

我是这样比较的：

（3）我还会自己举例来比较 "面" 的大小。

我是这样比较的：

表2 前测题2基本数据

比较内容	人数 / 个	占总人数百分比 /%
会用生活中的物品来比较	15	14.7
会用数学中的图形来比较	3	2.9
会自己举例来比较	6	5.9
能比较的学生人数总计	24	23.5

同时，我们发现学生进行比较时，在使用的方法上也存在一定的区别，如下表（表3）：

表3 比较方法使用上的区别

比较方法	人数 / 个	占会比较人数百分比 /%	典型示例
观察法	17	70.8	一本书和地板，用眼睛看回大了还是小
重叠法	5	20.8	把数学书和作业本比较，把它们□数书大。
计算法	1	4.2	量两个长方形的长和宽，用公式算出来，再比较
数格子法	1	4.2	画同样格子画满，看哪个图的格子多

【数据分析】

1. 解决问题方法单一

从是否会使用比较的方法来看，只有23.5%的学生会比较两个"面"的大小，我们随机单独访谈了10名不知如何进行比较的学生，他们基本都认为"没学过如何计算面的大小，无法比较"，由此看出学生选择解决问题的方法比较单一。

2. 度量观念较为薄弱

从方法选择上看，超过70%的学生采用最直接的观察法，这是最本能的方法；约20%学生采用重叠法，这是当学生无法直接观察比较大小时，较容易想到的比较方法；有一个学生使用计算法，从访谈中了解到该学生接触过相关知识，但不清楚为何可以用"长×宽"来求面积；还有一个学生使用数格子法，这就是用面积单位去测量比较两个图形大小的方法，从访谈中了解到这位学生是从课外书题目"通过数家里两个房间的瓷砖数量，来比较两个房间的面积大小"中知道可以用比较方法进行度量。由此看出，虽然三年级第一学期学习了长度度量，但学生的测量基础和度量的思想比较缺乏；从一维空间线段的度量，飞跃到二维空间"面"的度量，对学生的空间认知是一次较大的挑战。

【设计意图】本题主要是了解学生是否有度量意识。题目中预设了分层任务，让不同层次的学生选择适合自己的方式去比较"面"的大小。

（三）前测题 3

前测题 3 【我会提问】关于"面积"，你还知道什么？有什么问题？

表 4　前测题 3 基本数据

关于"面积"，你还知道什么？		关于"面积"，你还想知道什么？	
内容	百分比 /%	内容	百分比 /%
举例关于房子的面积	8.8	学习"面积"有什么用？	10.8
举例关于其他物品的面积	20.6	面积和周长有什么关系？	7.8
知道面积单位"平方米"	1	图形的面积怎么求？	6.9
知道长方形面积计算公式	4.9	面积的单位是什么？	6.9
其他	30.4	其他	13.7
空白或没有	34.3	空白或没有	53.9

【数据分析】

1.学生对"面积"有一定的生活经验，超过 60% 的学生在不同场合接触过"面积"一词，但关于"面积"的数学知识，学生知之甚少。这一点，和我们测试前的预想较为吻合。

2.学生对"学习面积的作用""面积与周长的关系""如何求面积"和"面积的单位"这四个方面较感兴趣。

【设计意图】本题主要是了解学生关于"面积"已有的知识水平，提前收集学生对"面积"的困惑。

（四）后测题 1

后测题 1 【我会数大小】学习完面积，接下来我们将学习角和长方体，你准备用什么方法来数出它们的大小呢？

数 ∠ 的大小方法：

数 ▱ 的大小方法：

正确度量角及长方体的人数统计图

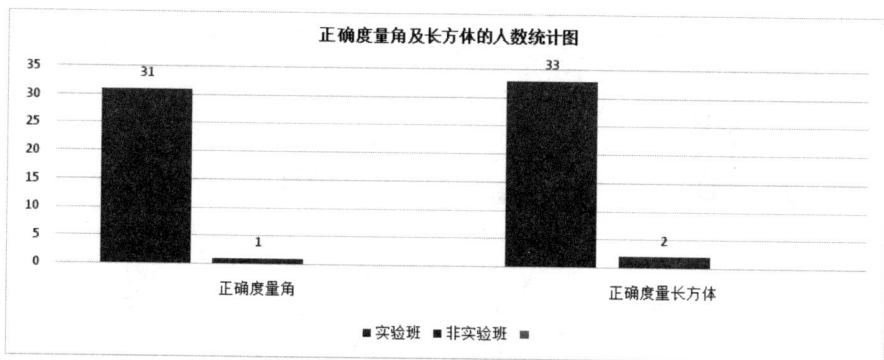

图1　后测题1基本数据

【数据分析】

测试同样的问题"学习完面积，接下来我们将学习角和长方体，你准备用什么方法来数出它们的大小呢？"实验班超过60%的学生能想到类似以下的方法：

数∠的大小方法：拿一个足够小的角去比，数一数这个大角里面有多少个小角。

数▱的大小方法：拿一个小长方体来比看看有多少个小长方体

数▱的大小方法：找个小正方体然后在长方体里面摆一摆，看面数一数一共有多少个小正方体

实验班的学生能想到"用小角量大角""用小长（正）方体量大长方体"，这是因为实验班的学生在课堂上亲身经历了度量面的过程，初步体会到度量的本质，所以能找到度量角和长方体的基本方法；而非实验班绝大部分学生缺少这一体验过程，因此无从下手。

【设计意图】本题主要是了解学生在学习完长方形面积之后，能否将学习方法与度量的思想迁移到角和长方体的度量上。

（五）后测题2

后测题2【我会联系】第1题中你选择的方法和我们以前学习长度和面积的方法，有什么联系？

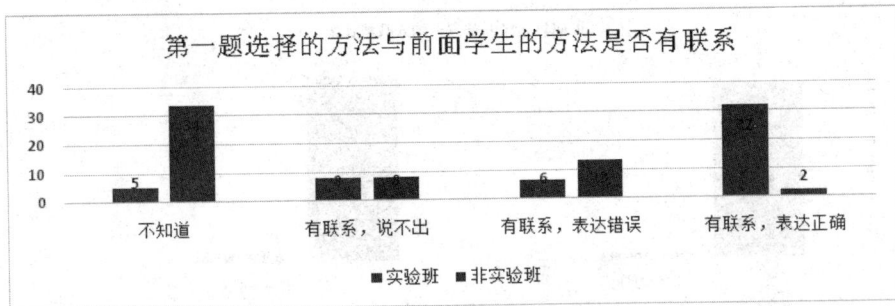

第一题选择的方法与前面学生的方法是否有联系

图2　后测题2基本数据

【数据分析】

实验班的学生相比非实验班的学生，更好地理解了度量的本质，实验班超过60%的学生能发现长度、面积、角和体积之间的联系，并能类似地表达出来：

都是要找一个小的单单位去量一块的物体看看里面有多少个小单位.

实验班的学生理解了求图形的面积就是求包含了多少个度量单位，所以他们在求角和体积时，懂得往"求多少个度量单位"的方向去思考，思路更加开阔。

【设计意图】本题主要是了解学生在单元整体教学的框架下，学习完长方形面积之后，能否将角和长方体从度量的角度建立联系。

三、基于前测及后测的教学建议

根据前测及后测的数据和分析，我们对"面积"单元的整体教学设计提出了以下建议：

（一）重新调整课时，符合学生学习规律

从前测数据我们了解到，学生对面积已经有了较为直接的感知，我们完全可以通过整合缩短"什么是面积"的教学时间。从学习度量概念的要素上来看，度量对象决定度量单位，所以，面积单位理应成为面积概念学习的一个重要组成部分。因此，我们建议将原先第一课时"什么是面积"和第二课时"面积单位"进行整合，作为本单元的起始课，这样更有利于学生理解"计算所要度量的图形面积，其实就是计算包含多少个度量单位"。两个课时整合在一起，不仅符合知识结构，也符合学生的认知结构。

（二）建立纵横联系，突出度量数学本质

长度、面积和体积都是"图形与几何"领域中"测量"方面的内容，这三者虽然图形的维度不同，但作为一种测量过程其本质是一样的。因此，建议在"面积"教学中创设相关情境，将一维的周长和二维的面积共同呈现在同一图形中。教学中，教师可以以微课或复习的形式再现长度概念学习的三要素：对象、单位和结果，使学生初步形成度量概念学习的基本框架，以此为抓手，引导学生进行面积的学习，联系旧知学习新概念，使学生对度量概念学习的框架更加清晰：先明确度量什么，即测量对象；再确定标准，即测量单位；最后数出总数，即测量结果。这样不仅方便学生辨析周长和面积，而且可以借助周长概念的学习路径，促进学生对面积概念的学习，也为后续学习角和体积的度量奠定学习基础。

（三）重视度量体验，理解计算公式意义

长方形面积公式简单，学生习惯于直接记忆，这样学生会缺乏对面积的本质理解，造成计算公式使用形式化。因此，我们建议在第二课时"量面积——长方形面积"中，做好形式与本质的过渡。在探究长方形面积的活动中，教师要引导学生选择适合自己的工具，参与到拼摆测量活动中。例如：有的学生需要用面积单位将整个长方形摆满，再一个一个数；有的学生摆满后，先数出每行有 a 个，一共有 b 行，用 $a \times b$ 算出面积单位的个数；有的学生沿着长方形的长和宽摆出一行一列，也可以算出面积单位的个数。教师也可提供格子纸、尺子等工具，以满足学生更多的需求。在整个过程中，学生通过多种测量方法，从"数"有效过渡到"算"，有效理解了公式的本质意义。在建立公式模型的过程中，不仅培养了学生的度量意识，而且为学生后续学习其他图形的面积计算奠定了良好的基础。

参考文献

[1] 张奠宙，巩子坤，任敏龙，等．小学数学教材中的大道理 [M] 上海：上海教育出版社，2018：239-253．

教学设计篇

走出教室，走向课外，让体验更有效

——"1千米有多长"教学心得

罗礼红

摘要：量感是小学生数学核心素养之一，是指对长度、面积、体积、时间、质量、货币等可测量属性的直观感知。本文聚焦于长度量感的难点——千米的认识，分析学生学习的困难之处，采取有效的体验措施：走出教室感受1千米的长度；课外实践丰富1千米的广度；对比辨析提升思维的深度，促使学生主动构建相应的长度表象，提高学生的空间想象能力，有效培养学生的量感。

关键词：类比；抽象；体验

作者简介：罗礼红 / 广东省深圳市宝安区海裕小学教学处副主任

"1千米有多长"是北师大版小学数学二年级下册第四单元"测量"的内容，"千米"是在学生认识了米、分米、厘米、毫米及其进率的基础上进一步学习的长度单位。教材通过三个步骤帮助学生体会1千米有多长。第一步：通过学生手拉手站成一排，体会10米大约有多长；第二步：通过全班同学手拉手站成一排和100米大约要走多少步，体会100米有多长；第三步：通过想象10个100米跑道的长是1千米等场景，体会1千米有多长。显然，这种设计是在学生充分体验10米、100米的距离到底有多长后，再通过类比、想象的方法认识"1千米"。

初次教学时，笔者在教室里测量出5米长的距离，再让学生代表来回走一走、算一算，从而认识10米、100米、1000米。看似层层递进，逻辑分明，但是笔者却发现这样的教学明显不够有效。面对教室里狭小的空间，绝大部分学生没有参与活动，思维局限在枯燥的数据上，比如"10米长的距离大约要走15步，那么100米长的距离大约要走150步……"学生一脸茫然，面对数据发呆，想象不了100米有多长，更别提1000米了。可见，类比以后，"千米"仍旧抽象。"千米"虽是一维的空间概念，但却是一段较远的距离，二年级的学生空间想象力有限，很难通过想象和类比形成 1 千米的长度表象。如何化抽象为直观呢？

一、走出教室，让体验更直接

再次教学时，笔者果断地把学生带出教室，来到校园里最大的场所——操场，让每一个学生都有直接体验的机会和时间。学生认真听取了任务，兴致盎然。

任务一：教师指明 100 米的距离，每个同学走一走，数一数大约要走多少步，走完后到小组长处进行记录。

任务二：我校的操场跑道长 200 米，1000 米里有几个跑道长呢？（5个）每个同学沿着跑道跑 5 圈，跑不动了就接着走，每个同学都要争取完成 1000 米的任务。

在任务一中，直接让学生体验 100 米的长度，同时为后续的课外实践活动奠定基础。在任务二中，让学生亲身体验 1000 米的长度。为了更好地进行活动，教师与学生约定，走 100 米时默数自己的步子；跑步的时候，记住自己跑的圈数。当师生回到教室的时候，时间已经过去 25 分钟。

【教学片段】

统计发现：走 100 米的距离时，全班集中在 130 步和 180 步之间。能跑完 1000 米的学生不足三分之一，大部分学生走完了 1000 米，只有 2 名学生体力太弱，没完成 1000 米。

师：在操场上跑完或走完 1000 米后，你有什么感受？

生 1：好累呀！好渴呀！好热呀！脚底都上火了！

生 2：我感觉 1000 米很长，相当于操场的 5 圈那么长。

生 3：10 个 100 米就是 1000 米，1000 米比 100 米长很多呢。

生 4：我在老家很远，每次回去爸爸要开几个小时的车，估计有很多 1000 米呢！

师：对，生活中有很多远的距离。在表示较远的距离时，我们用新的单位朋友——"千米"做单位，1000 米记作 1 千米。说一说，你能在生活中找到 1 千米吗？

生 5：在操场上走 100 米时，我走了 150 步，那我回家的时候走 1500 步大约就是 1 千米了!

生 6：爸爸来接我时，可以问一下爸爸，开车走多远是 1 千米。

生 7：我知道梧桐山高 943 米，快到 1 千米了!

生 8：一条街道几百米，可能两三条街道合起来就是 1 千米了。

师：同学们，你们会思考、会想象，真棒! 想一想，你们走 1 千米大约要走多少步呢？（根据操场上的实践结果估计）放学时，请你们从校门口开始数自己的步伐，看看 1 千米的终点大概在哪儿。当然，也可以在爸爸的车上感受 1 千米有多长。

为了让学生更好地完成这个实践任务，笔者请家长协助孩子去探索课外的"1 千米"，让数学活动成为快乐的家庭体验活动。

二、课外实践，让体验更广泛

【教学片段】

第二天的课堂上，学生踊跃发言，抢着说自己的发现。

生 1：我从校门口开始数，1 千米的终点大概在阳光海小区的路口处。

生 2：我数到 5 个 100 米的时候就到家了，我家太近了。加上下午上学的路，才是 1 千米。

生 3：我坐在爸爸的车上，发现一下子就走完了 1 千米。车走得很快! 爸爸说，汽车每小时可以走几十千米呢!

根据学生丰富的表述，我们发现 1 千米的长度表象已经深深地印在学生的头脑中。于是，教师利用图片介绍了汽车的时速，以及比汽车快的交通工具，如飞机、轮船、火车的时速；还有比汽车慢的交通工具，如自行车、人的时速。这些介绍在学生心里留下印象：交通工具的时速常常用"千米 / 小时"（或公里 / 小时）作单位。与之对应的，城市之间的距离一般用"千米"作单位。

三、搭建平台，在对比中辨析

至此，学生对"千米"有了最直观的表象认识，是不是比较远的距离都用"千米"作单位呢？笔者认为还有必要进行"千米"与"米"的对比辨认，进一步提高学生的辨析能力。于是，教师出示两幅图，让学生选择合适的单位填空：

图1　台湾金门大桥大约长5（　　）　　　　图2　深圳湾大桥大约长5500（　　）

正如预设的那样，大部分学生毫不犹豫地都选择了"千米"。"真的如此吗？"教师追问。一学生站了起来："我回老家是200多千米，开车2个多小时，深圳湾大桥不可能有5500千米！""从深圳到北京也没有5500千米！""深圳湾大桥应该大约长5500米，这已经很长了，相当于要到操场上跑几十圈呢！"学生不断地对比，逐渐理解到要将数量和单位结合起来考虑。当教师肯定了学生的分析后，有一个学生激动地站了起来："这两座桥的长度是差不多的，5500米就是5千米还多500米，我们最好用相同的单位进行比较！"其他学生自发地给予了热烈的掌声，显然学生对"千米"和"米"的关系有同样的理解。

纵观全课，笔者摒弃了类比的教学方法，让学生直接找"千米"在现实生活中相对应的原型，花大量时间亲身体验"1千米"的长度，主动构建相应的长度表象，提高了学生的空间想象能力。作为教师，我们要敢于把学生领到室外，领到课外，让学生真真切切地感悟生活中的数学；我们要合理设计习题，为学生搭建辨析的平台，使课堂教学更有效。

用联系的视角，突出竖式计算的算理理解

——"除数是整数的小数除法"的学习路径实践

陈瑞华

摘要：竖式计算在小学数学运算中有着重要的作用，竖式计算的本质是一种记录运算的工具。本文通过对比横式记录与竖式记录，帮助学生明确横式计算与竖式计算的联系，充分理解用竖式计算除数是整数的小数除法的算理，掌握除数是整数的小数除法的算法，渗透竖式背后隐含的认识价值，体现竖式计算的简洁性和实用性。

关键词：横式计算；竖式计算

作者简介：陈瑞华 / 广东省深圳市宝安区宝安小学教师

曾几何时，"算术"是小学数学学科的代名词，由此可见，运算教学在小学数学课程中有着非常重要的地位和作用。在小学阶段，运算教学占有很大的比重，在运算教学中，我们通常有口算和笔算之分，在笔算中人们通常认为横式是记录运算过程的工具，其实竖式计算也是一种记录数学运算的工具，和横式一样反映着数学运算的过程，体现着数学运算的算理。

竖式计算就是把计算过程格式化和顺序化，减少记忆的难度。从竖式计算的特点来看，竖式计算在运算教学中确实起了很大的作用，特别是在小数除法的计算中，对于用口算比较困难且不容易记住计算过程中的数，利用竖式记录下来比较直观。

小数除法是小学阶段"数的运算"的重要内容，其本质是将逐步平分不同数位上计数单位总数的过程从整数部分扩展到小数部分。在实际教学中，我们应该更注重对计数单位细分的算理理解，如何进行算理理解让学生更容易接受呢？章勤琼在基于学习路径分析的小学数学单元整体教学思考框架中提出，通过理解学习目标，确定学习起点，分析学习路径，设计核心课时的学习路径可以很好地进行单元教学的整体思考。基于此，在北师大版小学数学四年级"小数除法"单元的教学中，我们得出"小数除法"单元的核心课

时有三节：1. 基于算理理解的操作活动课；2. "除数是整数的小数除法"的第一课时；3. "除数是小数的小数除法"的第一课时。在第一节基于算理理解的操作活动课中，创设了分钱的现实情境，借助直观模型"平分人民币"，让学生经历换钱、分钱的过程，并以横式记录的方式进行记录，在活动中理解小数除法的算理本质——逐步细分计数单位。

第二节"除数是整数的小数除法"是小数除法单元教学的基础，它的算理是根据整数除法的算理迁移过来的，本质上都是对计数单位的细分。在实际教学中，笔者根据单元教学的分析与设计，把原教材中"小数除以整数（被除数不需要补 0）""整数除以整数"合并为一课时，主要解决用竖式计算除数是整数、被除数是小数、除到被除数的末尾没有余数（不需要补 0）的除法以及除数和被除数都是整数、除到被除数末尾有余数（需要补 0 继续除）、商是小数的除法。让学生在实际情境中解决生活中的问题，在沟通横式计算与竖式计算的联系的视野下，掌握除数是整数的小学除法的算理，掌握算法，体会竖式计算的作用和价值。

一、沟通联系，理解算理，感受竖式计算的简洁性

学习任务：5 个小伙伴收集了一些废品，一共卖了 11.5 元钱，平均每人分得多少元？

在操作活动课中，笔者为学生准备了教学所需的人民币，学生通过换人民币、完成了分一分的任务，并用横式记录下了分的过程。如图 1：

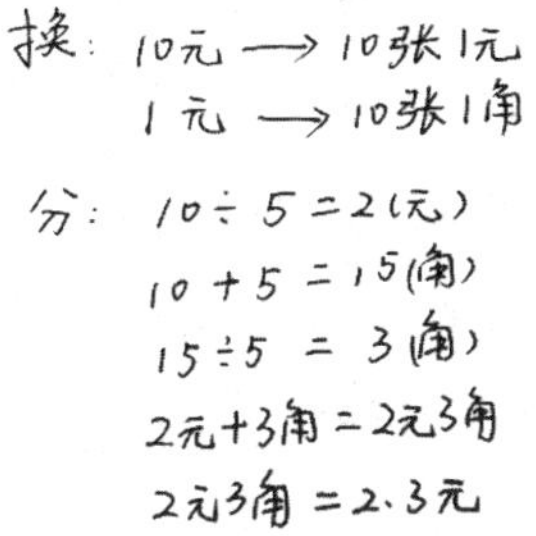

换: 10元 ⟶ 10张1元
1元 ⟶ 10张1角

分: 10÷5=2(元)
10+5=15(角)
15÷5=3(角)
2元+3角=2元3角
2元3角=2.3元

图 1 学生操作过程

教学片段一：

师：还记得活动课上是怎么换、怎么分的吗？哪一位同学能跟大家分享一下换和分的过程？

学生描述分一分的活动过程。

师：会列竖式计算吗？我们一起来试一试。请看活动要求：

1.想一想，算一算：观察横式分的过程，尝试独立地用竖式计算。

2.说一说，议一议：在小组中说一说竖式计算的过程，议一议每一步与横式的联系。

3.小组内选一位组员，把方法与大家分享。

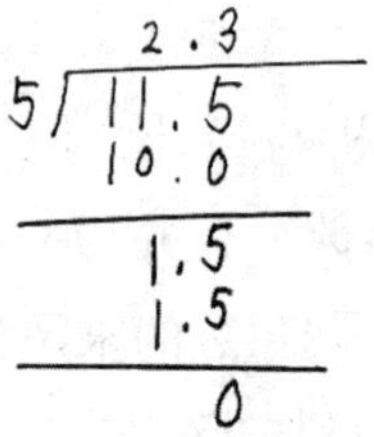

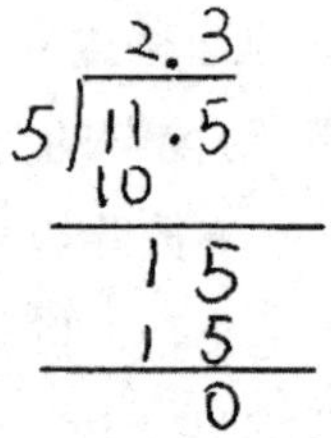

图2　方法一　图3　方法二

师：你们觉得哪一种方法体现了活动课中换钱和分钱的过程。

生：方法一中1.5÷5没有体现换钱的过程，还是1元和5角，合并成1.5元，没有换呀！

生：15÷5体现了把1元换成10角，和5角合并成15角，再平均分给5人，每人分得3角，更合适。

师：我们一起来梳理下竖式计算的过程。

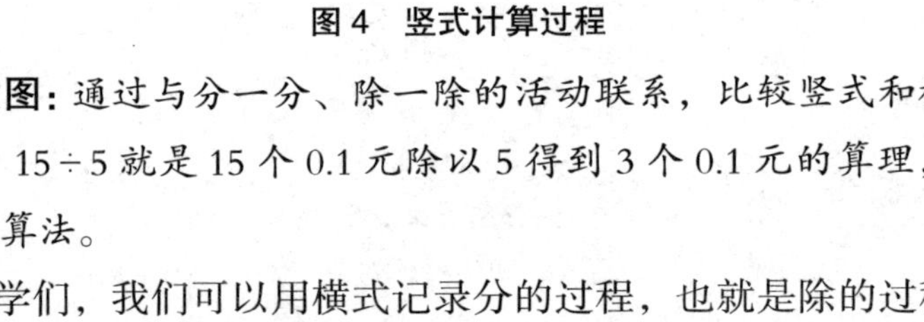

图4　竖式计算过程

设计意图：通过与分一分、除一除的活动联系，比较竖式和横式的记录过程，明白15÷5就是15个0.1元除以5得到3个0.1元的算理，初步掌握小数除法的算法。

师：同学们，我们可以用横式记录分的过程，也就是除的过程，也可以用竖式记录分的过程，哪一种方法更简单、更实用呢？

生：我认为用横式记录比较清楚，我可以看清每一次分钱的过程。

生：我认为用竖式计算更加简单，它的步骤比较少，而且每一步也体现了分钱的过程。

生：我认为竖式计算比较通用，它的计算过程很容易掌握，而且计算又快又准确。

师：刚刚大家进行了很好的讨论，大部分的同学都认为用竖式记录除法的过程更加通用，也更加简洁。其实呀，横式计算和竖式计算都记录了除的过程，就像刚刚同学们说的那样，竖式计算是一种通用方法，它更加简洁。

设计意图：通过师生对话，沟通了横式计算和竖式计算的联系，通过联系横式计算记录换钱和分钱的过程，进一步理解了竖式计算的过程，学生更容易理解除数是整数的小数除法的算理，更好地掌握了小数除法算法中商的小数点要和被除数的小数点对齐的道理，感受到了竖式计算的简洁性。

二、沟通联系，掌握算法，体验竖式计算的实用性

学习任务：你网购了 14 米长的绳子，准备做 4 根跳绳，平均每根跳绳长多少米？

操作活动课中学生的分法：

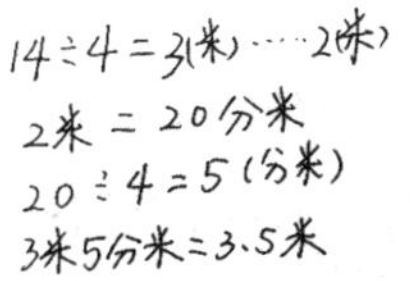
14÷4=3(米)……2(米)
2米=20分米
20÷4=5(分米)
3米5分米=3.5米

图 5　学生分法

教学片段二：

师：能尝试自己列竖式计算吗？

师：请大家看活动要求：

1. 算一算：先独立列竖式计算。

2. 比一比，说一说：在小组中说一说竖式每一步表示的意思。

学生的方法：

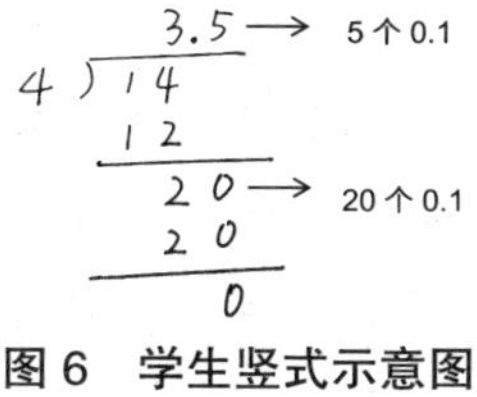
3.5
5 个 0.1
4)14
12
20
20 个 0.1
20
0

图 6　学生竖式示意图

师：我们先请这位同学分享一下这道题竖式中，每一步表示的意思。请

仔细听，想一想还有什么问题？

生：我先用 14 除以 4，每根 3 米，还剩下 2，所以我在后面加上了 0 继续除，得到商 5，所以每根跳绳 3.5 米。

师：你们有什么疑问吗？

生：你下面的那个 0 是哪里来的，上面的算式中也没有 0 呀？

生：14 除以 4 后，还剩下 2，也就是 2 米，2 米就是 20 分米，我这里填上 0 就是 20 分米呀，再除以 4，就是 5 分米，也就是 0.5 米。

师：都明白了吗？这一问题和刚刚解决的问题有什么不同？

生：这一题的被除数和除数都是整数。

生：除完后整数部分不够除了要补 0 再除。

师：好的，我们一起来梳理一下这类问题的方法。

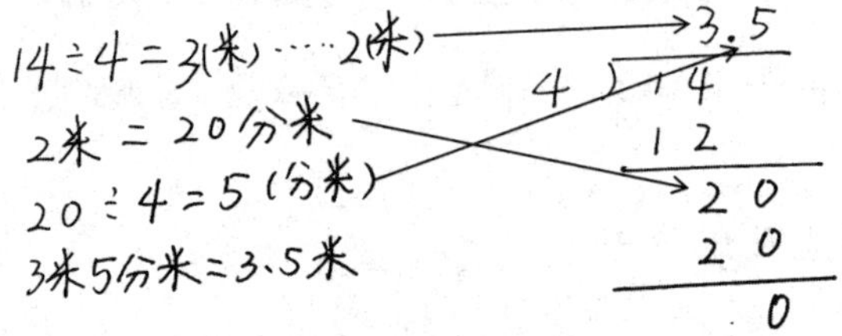

$$14 \div 4 = 3(\text{米}) \cdots 2(\text{米})$$
$$2\text{米} = 20\text{分米}$$
$$20 \div 4 = 5(\text{分米})$$
$$3\text{米}5\text{分米} = 3.5\text{米}$$

$$\begin{array}{r} 3.5 \\ 4\overline{)14} \\ \underline{12} \\ 20 \\ \underline{20} \\ 0 \end{array}$$

图 7　同一题的横式、竖式算法展示

师：当被除数分完后，还有余数时需要补 0 继续除；这个 0 补完后，被除数在这里表示什么？

生：20 分米，也就是 20 个 0.1 米，商就是 5 个 0.1 米。

师：同学们，我们今天分别学习了用横式和竖式来记录小数除法除的过程，你们看这两种方法有什么联系呢？

生：都可以记录分的过程。

生：都可以得到正确的结果，但我觉得竖式计算的方法更实用。

生：我也觉得竖式计算更实用，不容易错。

师：正像同学们说的这样，我们在平时的计算中大多用竖式计算的方法进行小数除法的计算，在计算的过程中我们要知道先分什么，再分什么，当不够分的时候要补 0 继续分，看来呀用竖式计算的方法更加实用。

设计意图：通过师生互动、生生互动，帮助学生理解整数除以整数、还有余数、需要在余数后补 0 继续除的算理。通过与横式计算的比较，学生更好地理解了在余数后补 0 的道理，掌握了整数除以整数、还有余数、需要补 0 继续除、商是小数的算法，体验了竖式计算的实用性。

三、沟通联系，打通算理算法的通道

数学运算要在过程的思考性与思路的灵活性上做"加法"，可以更好地实现通过运算促进数学思维发展的目标，真正体现数学运算素养的教育价值。《义务教育数学课程标准（2011 年版）》指出，在基本技能的教学中，不仅要使学生掌握技能操作的程序和步骤，还要使学生理解程序和步骤的道理。本节课不仅要让学生掌握除数是整数的小数计算的算法，而且要让学生明白为什么这么算，理解每一步计算的道理。学生在计算小数除法时，不光要掌握竖式计算的操作步骤，更要明白这种操作步骤的道理。

运用联系的视角，沟通横式计算与竖式计算之间的对应关系，帮助学生理解小数除法竖式计算中的每一步的道理。本节课学生在教学活动中通过自我尝试、小组讨论、全班质疑分享等方式，用联系的视角比较了横式计算和竖式计算的异同点，更好地理解了除数是整数的小学除法的算理，掌握了用竖式计算除数是整数的小数除法的算法，感受到竖式计算的简洁性和实用性，体验了竖式计算的作用和价值。

参考文献

[1] 章勤琼，唐娟. 为什么除法竖式不一样——兼谈竖式的记录功能及不同形式 [J]. 教学月刊. 小学版（数学），2019（10）：56-59.

[2] 姜荣富. 数学运算：算法化与思考性 [J]. 小学数学教师，2021（1）：57-62.

[3] 中华人民共和国教育部. 义务教育数学课程标准（2011 年版）[S]. 北京：北京师范大学出版社，2012.

经历"数学化"感悟数学基本思想

李利洪

摘要：史宁中教授提出"抽象、推理、模型"为数学基本思想的三个核心要素。笔者认为，弗莱登塔尔现实数学教育提出的"数学化"，对发展学生的基本数学思想，有比较好的作用。笔者将以近期上过的一节数学课"数图形的学问"的几个片段进行说明。

关键词：数图形的学问；数学化

作者简介：李利洪 / 广东省深圳市宝安区坪洲小学教师

史宁中把数学基本思想归结为三个核心要素：抽象、推理、模型。这三者相互之间的作用大体是：通过抽象，人们把现实世界中与数学有关的东西抽象到数学内部，形成数学研究对象；通过推理，人们从数学的研究对象出发，有逻辑地得到研究对象的性质以及描述研究对象之间关系的命题和计算结果，促进了数学内部的发展；通过模型，人们用数学所创造的语言、符号和方法，描述现实世界中的故事，构建了数学与现实世界的桥梁。

数学的产生与发展有两种不竭的动力：一是解决现实问题的需求，由此生成的是数学与现实生活的联系；二是数学理论本身发展的需要，由此生成的是抽象的数学知识之间的联系。按照荷兰数学教育家弗莱登塔尔对数学化的分类，也可以这样理解：与前者对应的数学活动，即"把生活世界引向符号世界"，是生活与数学的联系过程，就是横向数学化；与后者对应的，即抽象的数学知识之间的归纳、概括、推理、论证、推广、引申等，则是纵向的数学化。

一、横向数学化——数学抽象

史宁中认为数学的抽象经历了两个阶段，第一个阶段的抽象是基于现实的抽象，是从感性具体上升到理性具体的思维过程。这一思维过程的发展，伴随着横向数学化的过程。

片段一：

师：同学们，今天课堂上李老师给大家带来了一位朋友，请看。（出示鼹鼠图片）

生：鼹鼠。

师：知道鼹鼠平时最喜欢做什么事情吗？

生：挖地洞。

师：我们看一下鼹鼠挖了几个洞（出示主情境图）。数一数。

生：4个。

师：鼹鼠挖完地洞之后，玩了一个叫"鼹鼠钻洞"的游戏，同学们想不想也来玩一下。

生：想。

师：好，请看游戏规则。（停顿一会）看懂的请举手。谁想来当第一只鼹鼠，说说你想从哪个洞口进去，从哪个洞口出来。

生1：我想从第一个洞口进去，从最后一个洞口出来。

师：他选了一条最长的路。

生2：我想从第一个洞口进去，从第三个洞口出来。

师：他选了一条第二长的路。

生3：我想从第一个洞口进去，从第二个洞口出来。

师：他选了一条最短的路。

师：关于鼹鼠钻洞，你们能提出什么数学问题？

生1：它可以从几个洞钻？

生2：鼹鼠有几条不同的出路？

师追问生2：你的意思是鼹鼠有多少条不同的钻洞路线，对不对？

生2：是的。

师：你们说，有几条？

生1：4条。

生2：5条。

生3：6条。

生4：16条。

师：到底有几条？（学生七嘴八舌说开来）这样子吧，既然刚才那位同学提出的问题让你们吵得不可开交,那我们这节课就来解决这个问题好不好?(出示大问题:鼹鼠有多少条不同的钻洞路线?)对于这个问题,你们是想李老师直接告诉你们答案,还是给你们时间,让你们自己好好探究?

生:让我们自己探究。

这个教学片段中教师以鼹鼠钻洞为主情境引入课堂教学,引导学生思考:鼹鼠到底有多少条钻洞路线?学生对于有多少条不同的钻洞路线答案不一,因此这个问题可以作为探究问题。在这个教学片段中,把生活问题转化为数学问题,通过精心设置的需要学生做出逻辑判断的情境,引导学生提出本节课的"大问题",激活学生的数学思维,为学生接下来的纵向数学化提供素材,引发学生独立思考。至此,在横向数学化的过程中,向学生逐渐渗透抽象的数学思想。

二、纵向数学化——数学推理

在引导学生纵向数学化的过程中,先让学生自主探究,并在之后的汇报环节中,教师营造出引发思维矛盾冲突的交流机会,在课堂上生成师生互动、生生互动。在面对具体的问题时,能够自觉地以逻辑推理和批判性思维方式去解决,是一个人具有良好思维品质的表现。教学中设计了这样的交流环节,使学生的数学思维在交流中发生碰撞,相互启迪,加深理解,有效地培养了学生思维的灵活性和发散性。

片段二:

1. 交流互动(教师引导学生从画图的简洁性以及数的有序性两个角度纵向数学化)

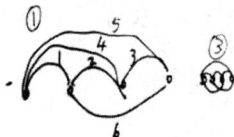

作品一 作品二 作品三

师:好了,同学们,这里有3个作品,你们觉得哪个作品好?好在哪里?小组四个人说一说,开始吧。

汇报:

生1:我觉得作品一比较好,因为这个作品表达得很清楚,画得很形象。

师：能听明白吗？你说说。

生2：他的意思是作品一能够清楚地表达出原图的意思，所以比作品二和作品三都要好。

师追问：意思是说，作品二和作品三不能表达出原图的意思吗？

生3：作品二和作品三也能表达出原图的意思啊。你看，原图有四个洞还有通道，作品二和作品三也都有四个洞还有通道。

师继续追问：那既然三个作品都能表达出原图的意思，怎么就说作品一比较好呢？

生4：我觉得应该是作品二和作品三比较好。因为这两个作品不仅能表示出原图的意思，而且更加清楚、简洁。

师再次追问：清楚？简洁？

生5：是啊，是更加清楚和简洁。作品二和作品三用了圆圈和点来表示洞口，而作品一是用这个（指着屏幕）表示洞口的，麻烦了好多，看起来也没那么清楚。

师小结：经过刚才这几个同学的讨论，我们发现，虽然这三个作品都能表达出原图的意思，但后面两个作品表达得更加清楚和简洁，所以从画图的角度来说，应该是后两个相对好一些。

师：光从画图的角度分析我们就能确定哪个作品比较好了吗？

生1：要数得清楚。

生2：还要简便。

师：同学们真厉害，能从这么多角度思考问题。那你们觉得哪个作品数得既清楚又简便呢？

生1：作品三是先数最短的路线，再数中等路线，最后数最长路线。

师追问作品三作者：请问刚才那两位同学说的是你的意思吗？

生2：是的，我确实是按线段的长短来数的。

师：同学们有没有发现这三位同学在数的时候特别有规律？从数学的角度讲，我们可以说他们做到了有序（板书有序、按线段数），有序数就不容易重复，也不容易遗漏。

师：有没有哪位同学有不同的有序数法？

生：我是这么数的，先数从第一个洞进去的，这时候鼹鼠可能从第二、第三、第四个洞出来，再数从第二个洞进去的，这时候鼹鼠可能从第三、第四个洞出来，最后数从第三个洞进去，从第四个洞出来。（学生边说教师边板书）

师追问：这样数有序吗？

生：他是按照第一个洞口、第二个洞口、第三个洞口这样来数的，所以也很有顺序。

师：同意吗？

生：同意。

师：同学们看这里，作品三比作品二还多了一个式子。能看明白吗？ 3 表示的是什么？ 2 呢？ 1 呢？

生 1：3 表示的是最短的路线有 3 条，2 表示的是中等路线有 2 条，1 表示的是最长的路线只有 1 条。

师：作品三的作者不仅能把图画得清楚，数得清楚，还能用算式更加清楚地表示出数的过程，我们把掌声送给他。

师小结：不管是哪一种数法。数的过程都是按一定的顺序来数的，所以就不容易重复，也不容易遗漏。这就是我们这节课学习的数图形的学问。（板书课题）

在这个片段中，通过营造引发思维矛盾冲突的交流机会，在辨别画图的简洁性与数线段的有序性的纵向数学化过程中，得到"3+2+1=6"的模型雏形，发展学生的数学推理能力。

三、建立模型，回归现实

在经历了将鼹鼠钻洞这一生活问题抽象成多少条线段的数学问题的横向数学化过程，以及探究到底有多少条钻洞路线的数学问题的纵向数学化过程后，将以上横向数学化和纵向数学化过程迁移到单程车票的新的情境中。在新的横向数学化及纵向数学化中，学生不仅再次感悟抽象和推理的数学基本思想，而且构建起解决问题的模型，发展模型思想。

片段三：

学生汇报菜地旅行活动。

生 1：我用 A、B、C、D、E 五个点表示五个车站，从第一个车站上车可以从第二个、第三个、第四个、第五个车站下车，所以有 4 种情况，以此类推，从第二个车站上车有 3 种情况……所以列式就是 4+3+2+1=10 种。

师：我特别喜欢他的汇报，尤其是"以此类推"这四个字。你们知道"以此类推"在这里表示什么意思吗？

生 2：意思就是说按照这样的规律数下去。

师追问：什么规律？

生 2：先数第一个点，再数第二个点，按这样的顺序数下去。

师：说得太好了，还有没有不同的数法呢？

生：有，按线段的长短数。

师：来，我们一起来看课件，一起数一下。（动画演示按线段长短数）

师：同学们太厉害了，如果变成 6 个车站，问单程需要准备多少种不同的车票？还需要画图吗？

生：不需要。

师：我们看到大屏幕（屏幕显示从 5 个车站到 7 个车站的列式）你发现了什么？同桌之间说一说吧。

在这个教学片段中，学生经历了将单程车票的生活问题转化成数线段的数学问题，感受抽象的数学基本思想；在数线段的问题中，发展推理能力；在观察比较中，发现数线段问题的规律，并尝试提炼模型。学生在横向数学化和纵向数学化的过程中，再次发展数学基本思想。

数学基本思想是一种隐性的东西，恰恰这种隐性的东西在很大程度上影响人的思想方法，对于学生来讲，特别是对于未来不从事数学工作的学生来讲，其重要性是不言而喻的。而数学基本思想仅仅依赖教师的讲授是不行的，更主要的是依赖学生亲自参与其中的数学活动，依赖学生的独立思考，而这样的过程，便是横向数学化和纵向数学化的过程！

参考文献

[1] 史宁中 . 数学基本思想 18 讲 [M]. 北京：北京师范大学出版社，2016：10.

直观表征　追本溯源

——以"乘法分配律"为例

余燕珊

摘要： 数学家华罗庚说过："数缺形时少直观，形少数时难入微；数形结合百般好，隔离分家万事休。"在数与代数领域中，借助图（表）直观表征可以有效地理解概念与规律的本质。本文试图通过对北师大版教材关于乘法分配律的学习路径进行分析，并对教材中涉及乘法分配律的内容（从二年级到四年级）进行纵向对比，找准学生在学习上存在的算理不明的难点，即数与形无法建立有效联系，采用直观表征、数形结合的方法不断优化学习路径，回归学习的原点，帮助学生从根本上理解乘法分配律的意义。

关键词： 直观表征；乘法分配律

作者简介： 余燕珊／广东省深圳市宝安区红树林外国语小学教师

数学应该是把复杂的问题简单化，通过学生最能接受、最容易理解的方式揭示数学概念和规律的本质。小学生正处于从形象思维到抽象思维过渡的时期。由此可见，从具体到抽象并不是一蹴而就的。通常抽象的概念的建构需要借助"看得见、摸得着"的东西进行理解。怎样使得抽象概念"显而易见"呢？这里离不开数学直观，包括：几何直观、符号直观、模型直观。笔者将以乘法分配律为例，谈谈直观表征在具体实践中的一些运用。

一、乘法分配律的学习路径分析

乘法分配律是一个非常重要的运算律，在小学阶段常用于简便运算，是日后初中阶段有理数的化简、运算的基础。然而学生对于乘法分配律的理解存在困难。乘法分配律有别于其他的运算律（交换律和结合律）它涉及两种运算（加、乘法），确切来说应该叫作乘法对加法的分配律。可想而知，如果仅仅机械记忆乘法分配律的"外在"形式，没有理解乘法分配律的本质含义，就会容易出现各种"经典"错误，如 $99×（33+67）=99×33+67$；$\dfrac{3}{8}×\dfrac{9}{16}+\dfrac{5}{8}×\dfrac{9}{16}=$

$(\dfrac{3}{8}+\dfrac{5}{8})\times(\dfrac{9}{16}+\dfrac{9}{16})$。加之乘法分配律的"变式"更加灵活，如 $25\times99+25$，$25\times101-25$，25×99，25×102 等，这些外表看起来"不太像"乘法分配律的算式，更加凸显理解算理的重要性。其次，对比国内几个版本教材发现整体的教学思路都是从"创设情境——提出问题——列出算式——计算比较——发现规律——建立模型"六大环节进行突破，综观这些教材内容大部分都缺乏直观表征。只有北师大版在提出问题时给出了"贴瓷砖"的直观图形；在总结出乘法分配律后，给出不同的表征方式帮助学生理解乘法分配律的算理（见表1）。然而北师大版作为唯——个在实际问题中出现直观图形协助理解的"贴瓷砖"也存在以下问题。第一，由于左右两面墙是立体的图形，在平面画图中一面墙呈现的是"平行四边形"；第二，左右两面墙和上下两种颜色（白和蓝），在求"一共有几块瓷砖"中能得出四种计算方法，每两个算式构成一组相等的关系。这样乘法分配律的算式是丰富了，同时也会给学生的理解造成不必要的干扰。由此发现，无论是"贴瓷砖"还是点子图都是用乘法的意义即几个几解释乘法分配律的算理。

表1　北师大版乘法分配律的学习路径（第1课时）

任务序列		目标	表征方式
构建乘法分配律	任务1：贴了多少块瓷砖？说说你是怎样算的？	解决贴瓷砖问题	直观表征： 抽象表征：呈现两组四种不同思路的算式，形成了两个等式。结合图能说出每个算式所表示的意义。
	任务2：观察 $3\times10+5\times10$ 与 $(3+5)\times10$，$4\times8+6\times8$ 与 $(4+6)\times8$，你有什么发现？		事实表征：通过计算发现 $3\times10+5\times10$ 与 $(3+5)\times10$ 相等 $4\times8+6\times8$ 与 $(4+6)\times8$ 相等。
	任务3：如果用字母 a、b、c 代表三个数，你能写出上面发现的规律吗？想一想，认一认。	发现规律	形式表征：$(a+b)\times c=a\times c+b\times c$

续表

任务序列		目标	表征方式
验证乘法分配律	任务 4：请你结合 $4 \times 9 + 6 \times 9$ 这个算式说明乘法分配律是成立的。	不同方法解释规律成立	直观表征：画点子图解释 $4 \times 9 + 6 \times 9 = (4+6) \times 9$ 是成立的。 抽象表征：根据乘法的意义解释等式是成立的。

追溯乘法分配律的"源头"发现，其实在二年级教学乘法口诀时已经有所铺垫和渗透。在学习 6—9 的乘法口诀中，每一个新授课内容都设计了乘法分配律的"雏形"。首先从"合到分"，结合直观表征：用点子图到数线图思考 $6 \times 7 = 6 \times (\ ) + 6 \times (\ )$，$7 \times 8 = 7 \times (\ ) + 7 \times (\ )$；然后到从"分到合"，直接抽象出算式填空 $9 \times 5 + 5 =$，$9 \times 3 - 9 = ($ 表 2)。无论是点子图还是数线图都利用乘法的意义即几个几理解，其中点子图使学生更为形象、直观地看到具体的 a 个 $c + b$ 个 c 就是 $(a+b)$ 个 c。

表2 6—9乘法口诀新授课内容和对应的练习

在学习 2—5 的乘法口诀（如表 3）时，虽然没有像 6—9 乘法口诀那样有从分到合、从合到分的填写，但是细细品味，也是隐藏着"乘法分配律"的思想的。如利用上一句口诀记忆下一句的口诀，利用熟悉的旧知帮助记忆新知。例如对 5×7 的乘法口诀的记忆——"只要记住五六三十，再加一个 5，就是五七三十五了”，翻译成数学语言就是 $6\times5+5=7\times5$，当然教材并不要求学生能抽象出这样的算式。再看后面的练习题，每一个口诀都不约而同地让学生在点子图中圈一圈、数一数、说一说。在圈的时候，也是渗透了 a 个 $c+b$ 个 c 等于（$a+b$）个 c 的思想，也就是乘法分配律的本质，它的算理早在乘法口诀中埋下了种子。特别是借助点子图，学生能很好地理解究竟是几个几。笔者在讲授2—5乘法口诀中，出示 $2\times5+2=(\ )\times(\ )$, $2\times5+5=(\ )\times(\ )$ 的对比练习。因为现行教材已经没有区分被乘数和乘数的内容了，也就是 2×5 既可以表示2个5，又可以表示5个2，但是在没有具体的情境时，学生对究竟应该怎么表示还是困惑的。笔者在没有出示点子图前，提出问题：“2×5 在这里看成2个5好呢？还是5个2好呢？你怎么理解？”随后组织学生讨论，汇报交流。因为在乘法的认识中点子图模型时常出现，其中就有一个学生上来画点子图说明（如图1、图2）：“$2\times5+2$，你看这个2只能加在这里，不能加在这里，所以应该竖着看1个2，2个2，3个2，4个2，5个2，一共有6个2；而 $2\times5+5$，5个点只能加在这里，所以应该横着看，一共有3个5。”二年级的学生就可以直接利用点子图突破难点。由此可见，点子图的直观表征蕴含几个几的乘法意义，这不就是乘法分配律的本源吗？

表3　2—5乘法口诀新授课内容和对应的练习

 5的乘法口诀新授课内容（如何记忆口诀）	 5的乘法口诀练习
 2的乘法口诀新授课内容（如何记忆口诀）	 2的乘法口诀练习
 3的乘法口诀新授课内容（如何记忆口诀）	 3的乘法口诀练习
 4的乘法口诀新授课内容（如何记忆口诀）	

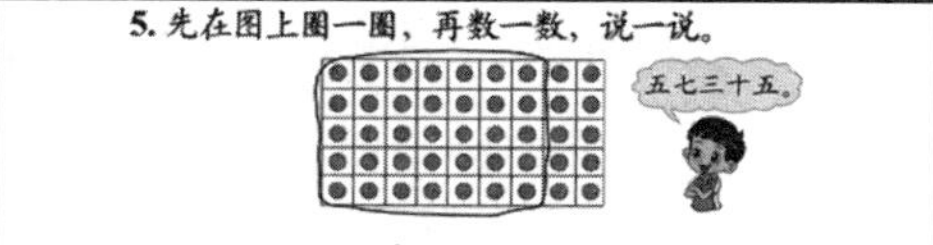

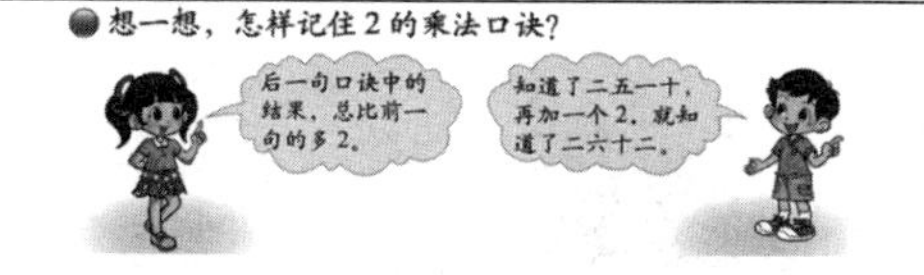

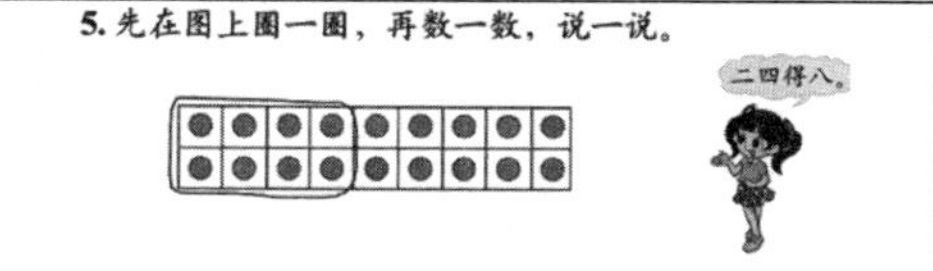

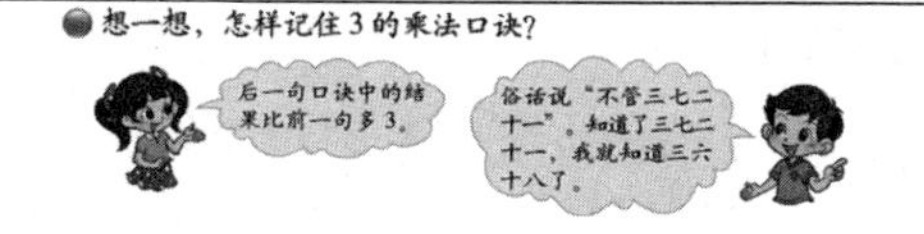

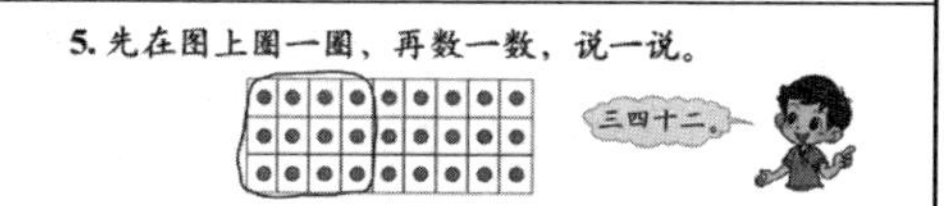

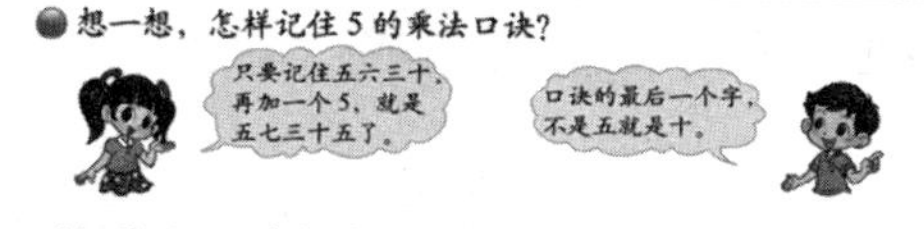

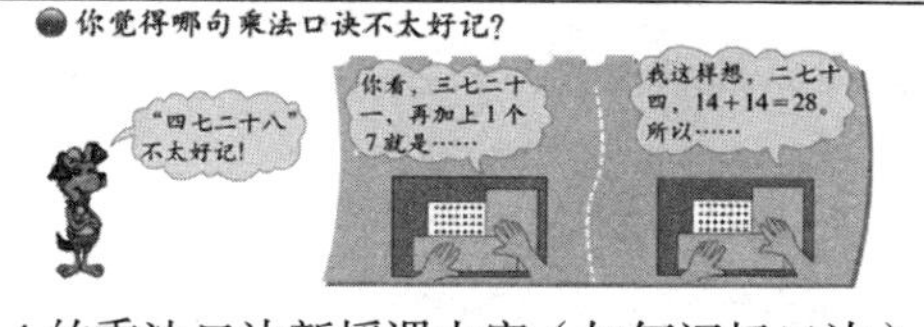

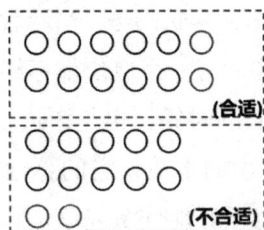 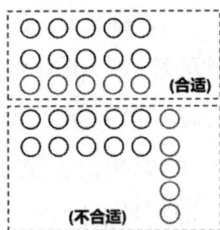

图1 2×5+2 表示几个几合适　　图2 2×5+5 表示几个几合适

二、直观表征，让问题"可视化"

　　波利亚认为，抽象的道理是重要的，但是要用一切办法使它们能看得见摸得着。如何设计学生"看得见摸得着"的问题？非几何直观莫属。为了能和乘法分配律的面积模型"无缝连接"，从具体可数的几个几到"隐形"的几个几，从而过渡到面积模型，笔者整合教材的资源，把点子图中的点换成小方块，借助几何直观（有几个小方块），突出本质，利用乘法的意义"几个几"理解乘法分配律的算理。在课堂上开门见山，直接出示直观图形，通过问题引领，在拼一拼中，感受"公共边"（共同因数）的必要性和重要性。图形中的直观理解为后续抽象化的乘法分配律模型奠定基础。以下的教学过程是在三年级下学期学生未学习面积的基础上进行教学。

　　师：老师带来了两个长方形，你能把这两个长方形拼成一个大长方形吗？请你上来拼一拼，说一说。

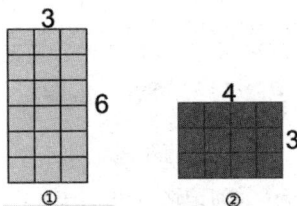

图3 两个小长方形

　　师：拼成的大长方形一共有几个小方块？（请独立完成学习单1）

学习单

姓名：　　　班级：

一、拼成的大长方形一共有几个小方块？请你用两种方法算一算。

方法一：　　　　　　　方法二：

图4 学习单1

师：好，一起来看看。（展示学生作品，先展示分开算，再展示合并算：方法一：6×3+4×3，方法二：(6+4)×3）。请你说说方法一表示什么？

生1：6×3是①号的小方块个数，4×3是②号的小方块个数，然后把①号和②号加起来就是大长方形的小方块个数。

师：方法一是分开算①号和②号的小方块个数，再加起来。我们把它叫作分开算。我把你的方法写到黑板上。再看看方法二，有跟他写得一样的吗？谁来说一说？

生2：这是直接算整个大长方形，10×3。

师：你是这个意思吗？（学生1点头同意）方法二是把它看成一个大长方形计算的，也就是合并算，我也把它写下来。

师：来，掌声送给这两个同学。拼成大长方形一共有几个小方块，可以分开算，也可以合并算。结合图形看看，6×3表示几个几？（板书：6个3）4×3呢？（板书4个3),6个3加4个3也就是10个3,10怎么来的？(6+4)个3。6个3加4个3也就等于(6+4)个3。（板书：6×3+4×3=(6+4)×3）

师：一起回顾一下：我们先拼，一定要把一样长的边拼在一起，然后用分开算、合并算两种方法解决了有几个小方块这个问题，并且会用几个几说明它们是相等的。（板书：拼—写—说）

三、直观表征，让研究"可操作化"

基于问题1的研究，学生已经会用"分开算""合并算"两种方法，并且利用了几个几表示算式的意义同时发现左右两边相等，即6×3+4×3=(6+4)×3，而不仅仅停留在根据计算结果一样而解释"相等"。在此基础上，教师只要提供合适的材料和提出高阶的问题，就能有效促使学生自主学习，实现学生对乘法分配律本质的理解。至于提供什么材料可以让学生"创造出"更多类似的等式？本文有如下建议：材料1，提供与①号、②号长方形一样的长方形④、⑤、⑥、⑦号，让学生自己"选"合适的长方形；材料2，直接给出小方块让学生自己拼③号长方形；材料3，提供方格纸，让学生画③号长方形。这些都是几何直观，但是哪种直观更有利于学生在"可操作化"中深度理解乘法分配律的本质，是本节课的关键。倘若太过"自由创作"，就无法聚焦核心问题；"过分限制"又"形同虚设"，无法达到深度理解。笔者在实践中对比提供三种材料的教学效果，发现提供材料 2 更能调动学生的积极性。

（一）"拼图"表征，验证解释乘法分配律的合理性

师：你能设计一个③号长方形，与①号拼成一个大长方形吗？算一算拼成的大长方形有几个小方块？

活动 1：做一做

（小组合作在小白板上拼一拼、写一写、说一说后，组织全班交流分享）

生 1：我们的③号长方形是 $3×5$，所以分开算是 $6×3+5×3$，合并算是 $11×3$。也就是 6 个 3 加 5 个 3 等于 11 个 3。

师：他们是几个几加几个几？

生：6 个 3 加 5 个 3 等于（6+5）个 3。（板书学生创造的等式）

生 2：我们和他们不一样，我们是这样拼的，③号是 $6×2$ 的，分开算是 $6×3+6×2$，合并算是 $6×5$。3 个 6 加 2 个 6 等于 5 个 6。你们同意吗？（同意）

师：还有这个作品，如果只给你等式的左边，你能猜出右边吗？猜对了吗？你是怎么猜的？（展示分开算 $6×3+7×3$，学生猜一猜合并算）

生：（6+7）×3。因为左边是 6 个 3 和 7 个 3。

师：也就是左边是几个几和几个几，右边就一定是？

生：（几 + 几）个几。

师：太厉害了！只看一边就能快速猜出另一边。你还能猜对吗？（展示合并算，让学生猜分开算）

师：这个作品还有点特别，刚才那些组都是从分到合的，他们呢？（从合到分）先分再合和先合再分一样吗？（一样）

师：太厉害了，通过拼一拼发现了很多的等式，最厉害的是都能用几个几说明等式是成立的。

（二）"无中生有"，深度理解乘法分配律的意义

师：如果没有图，你能根据等式的其中一边，写出另一边吗？并在脑海里想象出这是两个怎样的长方形拼在一起。（学生独立完成学习单 2）

$$6×9 + 4×9 =$$
$$= (20 + 14) ×25$$
$$120×231 + 180×231 =$$

图 5　学习单 2

活动2：填一填，想一想（教师投影展示学生作品，带领学生一起辨析）

师：第一个等式6×9+4×9=（6+4）×9，你想象中的长方形长什么样？

生1：9的边是一样的，拼在一起。这条边是9，另一条边是6。另外一个一条边是9，另一条边是4，把9的边拼一起就可以了。

师：是这样吗？（如表4）

师：第二个等式，你还能想吗？第3个等式，数据更大，你还能快速想象出来吗？

表4　从算式"想象"还原图形

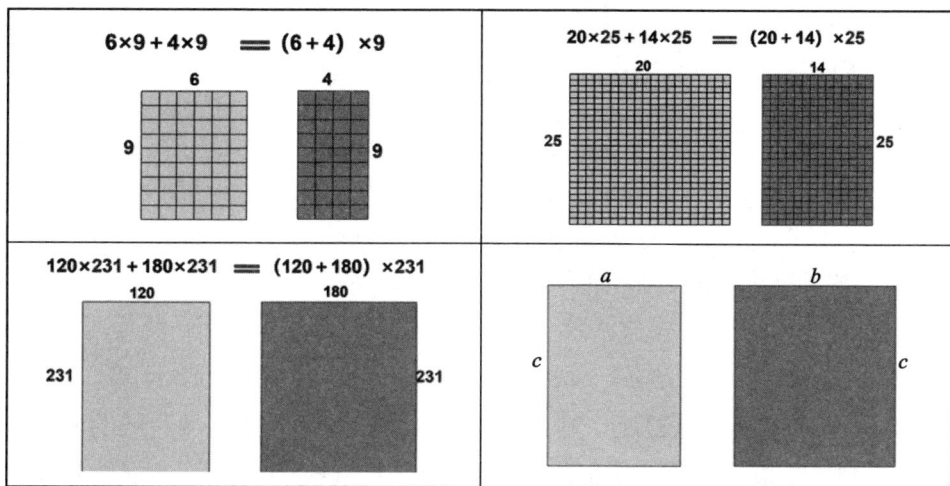

师：如果这边是 a，这是 c，右边为 b，这里是？（c）。你还能想象出长方形长什么样吗？分开算是？$a×c+b×c$。合并算是？（$a+b$）×c。

师：在求有几个小方块时，可以先分开算，再合起来算。反过来，也可以先合并算，再分开算。从分到合：$a×c+b×c=（a+b）×c$，从合到分：（$a+b$）×$c=a×c+b×c$。这就是乘法的分配律。（板书课题：乘法分配律）

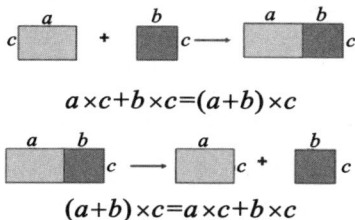

$$a×c+b×c=(a+b)×c$$

$$(a+b)×c=a×c+b×c$$

图6　借助几个几抽象出乘法分配律

一节课一个核心问题——一共有几个小方块？通过层层递进的问题引

领，学生感受到分开算和合并算的含义，"公共边"（共同乘数）的重要性，以及不计算用算理"a 个 $c+b$ 个 $c=（a+b）$ 个 c"说明等式成立的合理性。整个自主探究过程为直观图形——抽象算式——直观图形——抽象字母模型。通过实实在在看到的图形到看到算式想象出对应的图形；通过实实在在的算式到用字母表示乘法分配律，就是这样的从"实"到"虚"的过渡使学生深度理解乘法分配律的本质含义。

（三）"变式"练习，打通"乘法分配律"的内在联系

根据乘法分配律写出另一边的算式。

$78×23+22×23=$

$(12+40)×3=$

$9×25+25=$

$9×3+6×3+5×3=$

$12×16-12×6=$

图 7 巩固练习

（学生独立完成后，集体评讲订正）

在变化中把握本质：设计巩固提升的题目时，预设学生会在 $9×25+25$，$9×3+6×3+5×3$，$12×16-12×6$ 这三道题遇到困难。对于 $9×3+6×3+5×3=$？这道题，本以为学生会有困难，毕竟是从一般的两组乘法扩展到了三组。但学生反而轻描淡写地说："不就是多加了一个长方形嘛。"然后学生完成 $9×25+25$，$12×16-12×6$ 出现困难时，并没有采用老师直接讲解的方式，而是创造生生互动的机会，学生之间进行对话。他们会说："9 个 25 再加 1 个 25 就是 10 个 25。""减法就是去掉，16 个 12 去掉（减掉）6 个 12 就是 10 个 12。"在这些学生的"提醒""点拨"之下，看似有难度的题就迎刃而解了。三年级的学生，能在学习了乘法分配律第 1 课时后就能自主延伸理解，由此证明了乘法的意义（几个几）对于理解乘法分配律的有效性和深刻性。

这是乘法分配律的第 1 课时，后续学习中还有更多关于乘法分配律的应用。按理这些"变式"练习不应该出现在这，类似这样的变式练习在北师大版教材中，应该属于第 2 课时乃至第 3 课时的教学内容。但是这样的设计可以检查学生利用乘法的意义理解乘法分配律的教学效果，让学生在运用中发现万变不离其宗，这个"宗"就是乘法分配律的本质：a 个 $c+b$ 个 $c=（a+b）$

个 c，自然延伸到 a 个 c–b 个 c=（a–b）个 c，甚至"走得更远"。

　　笔者从乘法分配律的教学实践中发现，借助于直观表征乘法分配律最早可以在三年级上册教学时使用，在三年级下册学习面积时使用效果更佳，这样的编排比现行各版教材的编排至少提前了半年。这就是直观表征的魅力，它把抽象的概念与规律变得"看得见摸得着"，学生在可视化、操作化中深度理解概念与规律的本质含义。